essentials

essentials liefern aktuelles Wissen in konzentrierter Form. Die Essenz dessen, worauf es als „State-of-the-Art" in der gegenwärtigen Fachdiskussion oder in der Praxis ankommt. *essentials* informieren schnell, unkompliziert und verständlich

- als Einführung in ein aktuelles Thema aus Ihrem Fachgebiet
- als Einstieg in ein für Sie noch unbekanntes Themenfeld
- als Einblick, um zum Thema mitreden zu können

Die Bücher in elektronischer und gedruckter Form bringen das Expertenwissen von Springer-Fachautoren kompakt zur Darstellung. Sie sind besonders für die Nutzung als eBook auf Tablet-PCs, eBook-Readern und Smartphones geeignet. *essentials:* Wissensbausteine aus den Wirtschafts-, Sozial- und Geisteswissenschaften, aus Technik und Naturwissenschaften sowie aus Medizin, Psychologie und Gesundheitsberufen. Von renommierten Autoren aller Springer-Verlagsmarken.

Weitere Bände in dieser Reihe http://www.springer.com/series/13088

Jan-Philipp Büchler

Business Wargaming für Mergers & Acquisitions

Systematischer Einsatz im Strategie- und Akquisitionsprozess

Jan-Philipp Büchler
Fachhochschule Dortmund
Dortmund, Deutschland

ISSN 2197-6708   ISSN 2197-6716   (electronic)
essentials
ISBN 978-3-658-17815-4   ISBN 978-3-658-17816-1   (eBook)
DOI 10.1007/978-3-658-17816-1

Die Deutsche Nationalbibliothek verzeichnet diese Publikation in der Deutschen Nationalbiblio-
grafie; detaillierte bibliografische Daten sind im Internet über http://dnb.d-nb.de abrufbar.

Springer Gabler
© Springer Fachmedien Wiesbaden GmbH 2017

Gedruckt auf säurefreiem und chlorfrei gebleichtem Papier

Springer Gabler ist Teil von Springer Nature
Die eingetragene Gesellschaft ist Springer Fachmedien Wiesbaden GmbH
Die Anschrift der Gesellschaft ist: Abraham-Lincoln-Str. 46, 65189 Wiesbaden, Germany

Was Sie in diesem *essential* finden können

- Eine systematische Einführung in die Entwicklung von M&A-Strategien.
- Eine praxisorientierte Einführung in das Business Wargaming.
- Die Bedeutung von Business Wargaming im Instrumentenmix für die Strategiearbeit.
- Die Integration von Business Wargaming mit den wichtigsten Strategieinstrumenten.
- Die systematische Entwicklung rationaler Akquisitionsstrategien mit Business Wargaming.

Vorwort

Dieses *essential* befasst sich im Speziellen mit der systematischen Verbindung von Strategie- und Akquisitionsprozess, wobei auf den integrierten Einsatz der Strategieinstrumente mithilfe des Business Wargamings vertieft eingegangen und dies anhand von Praxisbeispielen veranschaulicht wird.

Dortmund, Deutschland   Jan-Philipp Büchler

Inhaltsverzeichnis

Einleitung 1

It is not very comforting to think that the essence of Western strategic thought can be reduced to 8 rules for excellence, 7 S's, 5 competitive forces, 4 product life-cycle stages, 3 generic strategies, and innumerable 2-by-2 matrices. [...] They reduce the number of strategic options management is willing to consider.

Gary Hamel und Coimbatore
Krishnarao Prahalad 1989, S. 71

In einem komplexen und volatilen Marktumfeld gelangen die klassischen Instrumente der strategischen Analyse und Planung an die Grenzen ihrer Leistungsfähigkeit. Neue Anforderungen werden an die Strategieabteilungen gestellt: Wie können die strategischen Interaktionen mit Marktakteuren frühzeitiger und umfassender antizipiert werden? Wie können gleichzeitig schwache Signale als Vorboten von Veränderungen im Marktumfeld berücksichtigt und ihre möglichen Auswirkungen für die bestehende Geschäftsstrategie getestet werden?

In der Unternehmenspraxis beschränkt sich die Auswahl aus dem vielfältigen Instrumentarium der Strategiearbeit meist auf einige wenige Klassiker wie etwa die Branchenstruktur-, Wettbewerbs- oder Portfolioanalyse sowie die SWOT-Analyse und die TOWS-Matrix. Viele dieser Instrumente überzeugen aufgrund ihrer fast intuitiven Einfachheit und meist eindeutigen strategischen Empfehlungen. Ist die Unternehmensumwelt tatsächlich so einfach, dass sich die Strategiearbeit auf diese Instrumente und Modelle verlassen kann? Werden in den strategischen Empfehlungen aus diesen Instrumenten ausreichend dynamische Faktoren berücksichtigt wie zum Beispiel die Veränderung von Geschäftsmodellen? Die Problematik bei vielen sehr beliebten Strategieinstrumenten liegt darin, dass sie einen statischen Analysecharakter besitzen. Solche statischen Analyseinstrumente, die auf der Basis vergangenheitsbezogener Daten lediglich Momentaufnahmen der

© Springer Fachmedien Wiesbaden GmbH 2017
J.-P. Büchler, *Business Wargaming für Mergers & Acquisitions,*
essentials, DOI 10.1007/978-3-658-17816-1_1

Markt- und Wettbewerbssituation liefern, können nur bedingt zur strategischen Frühaufklärung und Entwicklung erfolgreicher Strategien in dynamischen Märkten beitragen. Ist es also Zeit für einen Paradigmen- und Instrumentenwechsel in der Strategieentwicklung? Neue Methoden und Instrumente halten derweil Einzug in die Strategiearbeit. Business Wargaming ist eines der vielversprechendsten Instrumente, das zunehmend Beachtung erfährt. Dieses *essential* soll eine praxisorientierte Einführung in das Business Wargaming bieten und einen Beitrag für eine systematische Strategiearbeit mit dem besonderen Augenmerk auf die Entwicklung und Umsetzung von Akquisitionsstrategien darstellen.

Grundlagen systematischer Strategiearbeit

2

To create a sustainable advantage, you must either be blessed with competitors that have a restricted menu of options or be able to preempt them. Propitious times to preempt occur when an industry is undergoing wrenching changes in technology, demand patterns, or input availability. Scan the environment actively. If you notice changes, see whether they play to your particular strengths.

Pankaj Ghemawat 1991, S. 37

2.1 Anforderungen an die Strategiearbeit

Die Strategieentwicklung sieht sich den Anforderungen einer zunehmenden Marktdynamik in Bezug auf die Häufigkeit, die Intensität und die Komplexität von Umweltveränderungen gegenüber. Diese zunehmende Dynamik hat Auswirkungen auf die Unternehmensstrategie und die vorausgehende strategische Analyse. Zeitgleich ermöglicht die umfassende Verfügbarkeit von Daten und Informationen über Märkte, Wettbewerber, Technologien oder Kundenbedürfnisse, dass die Strategieabteilungen in Unternehmen detaillierte Analysen von Entwicklungen und Trends in Echtzeit und mit hoher Detailtiefe durchführen können. In der Folge hängt der Unternehmenserfolg zunehmend von der Fähigkeit ab, die Zukunft vor den Wettbewerbern zu verstehen oder gar zu erreichen (vgl. Hamel und Prahalad 1995). Die Forderung nach strategischer Vorausschau *(Foresight)* verlangt von Unternehmen den Aufbau von Fähigkeiten und den Einsatz von Instrumenten, die bereits im strategischen Planungsprozess das Suchen, Erkennen und Filtern für die Zukunft erfolgsrelevanter Wirkungsmuster ermöglichen (vgl. Müller und Müller-Stewens 2009, S. 12 ff.).

© Springer Fachmedien Wiesbaden GmbH 2017
J.-P. Büchler, *Business Wargaming für Mergers & Acquisitions,*
essentials, DOI 10.1007/978-3-658-17816-1_2

Was bedeutet diese Erkenntnis aber nun für die Strategiearbeit? Strategiearbeit erfordert unter den beschriebenen Rahmenbedingungen insbesondere Kontinuität und Systematik hinsichtlich der fortlaufenden Beobachtung, Analyse und Entscheidungsfindung. Insbesondere muss sich das Management darauf einstellen, häufiger strategische Entscheidungen zu treffen beziehungsweise bestehende Strategien auf ihre Gültigkeit zu prüfen. Diese Anforderung ist keine Abkehr von strategischer Planung per se; eine Geschäftsplanung ist und bleibt unerlässlich. Diese Anforderung verlangt vielmehr einen kontinuierlichen Strategieprozess und bedeutet eine Abkehr von starren und zeitpunktbezogenen Planungssystemen. Strategiearbeit wird mit einer solchen Herangehensweise agiler und ist unter diesem Gesichtspunkt kein Termingeschäft mehr, das bis zur Strategieklausurtagung abgearbeitet sein muss. Vielmehr wird Strategiearbeit eine kontinuierliche und systematische Aufgabe vieler im Unternehmen beteiligter Funktionen und Bereiche. Dies ist umso notwendiger, da sich Rahmenbedingungen und Umweltfaktoren kurzfristig ändern können und unmittelbare Reaktionen und insbesondere Anpassungen erfordern. Eine Ausrichtung aller strategischen Entscheidungen und Planungen zu einem Termin droht insbesondere in mittelständischen Unternehmen die an der Strategieentwicklung beteiligten Manager inhaltlich, zeitlich und fachlich zu überfordern.

Strategische Entscheidungen sind in einem dynamischen Umfeld in hohem Maße komplex und erfordern die Berücksichtigung einer Vielzahl an Einflussfaktoren. Daher sollte die Strategiearbeit organisationsübergreifend sein, das heißt konsistente Maßnahmen entwickeln und vorausschauend Zielkonflikte lösen helfen. Damit Strategiearbeit eine integrierte und gemeinsame Aufgabe werden kann, sind ein gemeinsames Verständnis und Transparenz über die strategischen Maßnahmen entscheidend. Hiermit verbunden sind grundlegende Prinzipien der Kommunikation, Interaktion und vor allem des Wissensaustauschs und des gegenseitigen voneinander Lernens. Auf dieser Basis können die vielen Antennen im Unternehmen auf den Markt ausgerichtet werden, um die Signale von Wettbewerbern und Kunden frühzeitig zu empfangen und in einen kontinuierlichen Strategieprozess hineinzugeben. Dies erfordert eine Erweiterung des strategischen Instrumentariums im Strategieprozess.

2.2   Stage-Gate-Prozess zur Strategieentwicklung

Die strategische Managementforschung beschreibt den Strategieprozess grundsätzlich als eine Abfolge mehrerer Phasen bestehend aus strategischer Analyse, strategischer Planung inklusive Strategieformulierung und -auswahl, Strategieumsetzung

und abschließender Erfolgskontrolle. Dieses Phasenschema bietet in seiner gene-
rischen Formulierung eine gute Orientierungshilfe für die Strategiearbeit, nimmt
allerdings dabei eine Perspektive ein, die an schwerfällige und aufwendige Pla-
nungszyklen erinnert und erschwert eine agile und kontinuierliche Strategiearbeit.

Ein kontinuierlicher Strategieprozess lässt sich in Anlehnung an Innovationsprozesse auf der Basis einer **Stage-Gate-Konzeption** als eine Abfolge von *Stages*
(Aktivitätsstufen) und *Gates* (Entscheidungstore) darstellen (vgl. Abb. 2.1). Die
Stages umfassen Arbeitspakete, die z. B. von einer Stabsstelle oder einem Pro-
jektmanagementoffice (PMO) für die Unternehmensleitung koordiniert und in
Zusammenarbeit mit Geschäftseinheiten und Funktionen im Unternehmen erarbeitet werden. Die Gates stellen kritische Entscheidungspunkte für die Strategieentwicklung dar und führen zu Entscheidungen der Unternehmensleitung, in
denen die strategische Stoßrichtung formuliert wird und die entsprechenden Res-
sourcenfestlegungen stattfinden (vgl. Büchler 2015, S. 63).

In der **strategischen Analysephase** werden die externe Umwelt und interne
Ressourcenausstattung des Unternehmens mit dem Ziel untersucht, die Einflussfaktoren in der Unternehmensumwelt und die Erfolgsfaktoren in der Ressourcen-
und Wertschöpfungskonfiguration in Bezug auf die strategischen Geschäftsfelder
zu ermitteln (vgl. Büchler 2014a, S. 18). Dazu steht eine Vielzahl an strategischen
Analyseinstrumenten, die von Momentaufnahmen (zum Beispiel Branchenstruk-
turanalyse, Wertkettenanalyse) über die Entdeckung schwacher Signale (zum
Beispiel Scanning, Monitoring und Forecasting) oder Entwicklungsmuster (zum
Beispiel Pfadanalysen und Lebenszyklusanalysen) bis hin zu Wirkungssimulationen (zum Beispiel Szenarioanalyse und Business Wargaming) reichen, zur Verfügung, siehe dazu Kap. 3. Die Zusammenführung der Ergebnisse aus der internen
und externen Analyse erlaubt die Ableitung von strategischen Optionen, die in

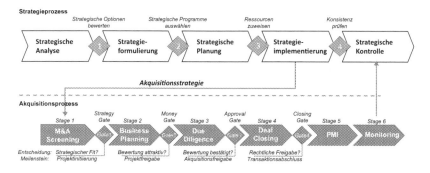

Abb. 2.1 Strategie- und Planungsprozess

das *Evaluation Gate* (1) zur Bewertung und Priorisierung anhand der übergeordneten Unternehmensziele hineingegeben werden.

In der **Strategieformulierung** werden die entwickelten strategischen Maßnahmen auf Ebene der strategischen Geschäftsfelder konkretisiert und zu strategischen Handlungsoptionen gebündelt. Hierzu werden in der Unternehmenspraxis meist Strategiekonzeptionen herangezogen, die einen zielorientierten und handlungsleitenden Markt- und Unternehmensbezug darstellen (vgl. Büchler 2014a, S. 102). Die Strategiekonzeptionen spiegeln in der Regel grundsätzliche Annahmen und Überzeugungen der Unternehmensleitung zum Beispiel über das Wettbewerbsverhalten und die Branchendynamik wider. Sie bilden damit eine geeignete Basis für die Zusammenfassung und Auswahl strategischer Handlungsoptionen zu Maßnahmenbündeln und Programmen im *Selection Gate* (2). Da sämtliche alternative Strategieoptionen zum langfristigen Unternehmenserfolg beitragen sollen, empfiehlt sich die Strategieauswahl sowohl auf Basis nichtfinanzieller Kriterien mittels marktorientierter Ziel- und Steuerungssysteme als auch auf Basis finanzieller Kriterien und hierbei insbesondere mittels wertorientierter Ziel- und Steuerungssysteme, die insbesondere in der Auswahl und Bewertung von potenziellen Akquisitionskandidaten zu berücksichtigen.

In der **strategischen Planung** werden die ausgewählten Programme und Maßnahmenbündel auf die strategischen Geschäftsfelder zugeordnet und mit den Zielen auf Unternehmens- und Geschäftsfeldebene abgestimmt, sodass im Ergebnis eine Ziel-Strategie-Hierarchie entsteht (vgl. Büchler 2014a, S. 200). In dem folgenden *Resource Gate* (3) werden finanzielle und personelle Ressourcen den strategischen Programmen und Geschäftsfeldern zugewiesen und für die Implementierung bereitgestellt. Im Rahmen der strategischen Planung und der abgeleiteten Ressourcenfestlegung können Entscheidungen zum Beispiel für eine externe Wachstumsstrategie getroffen werden, die somit Vorgaben für Mergers & Acquisitions (M&A) beinhalten. Diese Vorgaben betreffen insbesondere die strategische Zielsetzung einer Akquisition (maßgeblich für die Ableitung einer Akquisitionsstrategie) und damit verbunden die Auswahlkriterien für potenzielle Akquisitionsziele (wesentlich für die Selektion) und werden in den M&A-Prozess hineingegeben. Hierdurch wird versucht, die strategische Konsistenz zwischen Unternehmensstrategie und Akquisitionsstrategie in einem Geschäftsfeld sicherzustellen.

In der Phase der **Strategieimplementierung** wird der M&A-Prozess, der ausführlich in Kap. 4 beschrieben wird, initiiert und mit der Ableitung einer konsistenten Akquisitionsstrategie aus der Unternehmensgesamtstrategie begonnen (vgl. Abb. 2.1). Dabei wird die Akquisitionsstrategie auf die Bedingungsfaktoren der strategischen Geschäftsfelder im Rahmen eines Strategiereviews zugeschnitten.

Die **strategische Vorausschau** begleitet den gesamten Strategieprozesses mit einer kontinuierlichen Informationsbeschaffung und -verarbeitung über langfristige gesellschaftliche, ökonomische, technologische und rechtliche Entwicklungen im Unternehmensumfeld. Diese Aktivität ist eine zentrale Aufgabe aller Funktionen und Bereiche im Unternehmen und unterstützt die Strategieentwicklung fortlaufend, um die Unternehmensleitung frühzeitig auf bedeutende Entwicklungen, Diskontinuitäten oder Gelegenheiten aufmerksam zu machen. Derartige auch als *Strategic Foresight* bezeichnete Aktivitäten haben das Ziel, die Reaktionsgeschwindigkeit bei der Entscheidungsfindung zu erhöhen und die Unternehmensstrategie konsequent an den Markt- und Umweltanforderungen auszurichten (vgl. Müller und Müller-Stewens 2009, S. 12 ff.). Aus diesen Informationen können sich sowohl neue strategische Handlungsoptionen ergeben, die zusätzlich in die bereits geplante Strategieimplementierung aufgenommen werden und die strategischen Pläne somit ergänzen, als auch alternative Unternehmensvisionen und Zukunftsvorstellungen mit weitreichenden und langfristigen strategischen Änderungsanforderungen resultieren. In diesem Sinne geht die Strategische Vorausschau mit ihrem Instrumentenarsenal über die informationsbasierten Umfeldanalyseaktivitäten von Competitive Analytics und Business Intelligence-Systemen deutlich hinaus, da sie vor allem partizipativ in der Wissensgenerierung und -diffusion angelegt ist, dabei eine ganzheitliche Sicht, d. h. sowohl eine outside-in als auch inside-out-Perspektive, annimmt und bis hin zur normativen Visionsbildung reicht (vgl. Müller 2008, S. 30).

2.3 Mergers & Acquisitions als strategische Option

Die Entscheidung für die Akquisition eines Unternehmens ist aufgrund ihres langfristigen Horizonts und der meist erheblichen Investition zweifelsfrei als strategisch zu charakterisieren. Die strategische Entscheidung für eine Akquisition wird regelmäßig dann getroffen, wenn externes Wachstum schneller, kostengünstiger und/oder risikoärmer als organisches Wachstum zur Erreichung der Unternehmensziele führt (vgl. Zentes et al. 2005, S. 250). Dies ist zum Beispiel dann der Fall, wenn erforderliche Ressourcen oder Kompetenzen intern nur schwer und meist kostenintensiv erzeugt werden können oder kein freier Markt für eben jene existiert, sodass eine organische Wachstumsstrategie nachteilig wäre. Ebenso ist es denkbar, dass Markteintrittsbarrieren überwunden oder erhebliche Synergien zum Beispiel durch Verbund- oder Skaleneffekte realisiert werden können, die im Rahmen einer Kooperation nicht in gleichem Umfang erreichbar wären (vgl.

Büchler et al. 2017). Die Beispiele zeigen, dass Mergers & Acquisitions stets eine von mehreren strategischen Optionen für Unternehmenswachstum darstellt, die im Kontext von Markt- und Wettbewerbsumfeld sowie den langfristigen Unternehmenszielen zu bewerten ist und Auswirkungen auf verschiedene Entscheidungs- und Steuerungsebenen im Unternehmen hat (vgl. Abb. 2.2).

In der Strategiearbeit werden verschiedene Gestaltungsbereiche unterschieden, in denen unterschiedliche Instrumente und Ansätze der Strategieentwicklung eingesetzt werden. Die Unternehmensstrategie orchestriert die strategischen Initiativen in allen Geschäftsfeldern eines Unternehmens mit der Zielsetzung der nachhaltigen Wertschaffung. Dafür legt sie die grundlegenden Ziele und strategischen Prioritäten für das langfristige Unternehmenswachstum fest. Sie bildet somit das gemeinsame Dach für die Geschäftsaktivitäten in unterschiedlichen Geschäftsfeldern. Unternehmen mit mehreren Geschäftsfeldern steuern und optimieren diese mittels einer Portfoliostrategie (vgl. Büchler 2014a, S. 84 ff.).

Mergers & Acquisitions berühren mehrere strategische Gestaltungsbereiche. Zunächst betreffen sie als wesentliche strategische Wachstumsoption unmittelbar die Unternehmensstrategie, da vor allem die Bewertung des Kaufobjektes inklusive etwaiger Synergien mit Aktivitäten in bestehenden Geschäftsfeldern und Unternehmensstrukturen, der Kapitalbedarf für einen Unternehmenskauf und die zugrunde liegende Finanzierung nur aus einer ganzheitlichen Unternehmensperspektive ermittelt und bewertet werden kann. Im Gestaltungsbereich der Geschäftsfeldstrategien entwickeln die Geschäftsbereiche detaillierte Strategien für die Produktpositionierung und Marktbearbeitung im spezifischen Wettbewerbsumfeld. Der Strategieprozess stellt sicher, dass die Geschäftsbereichsstrategien

Strategiebereich	Strategieansätze	Strategische Optionen	Ziele	Wertgeneratoren	Performance
Geschäftsbereich	Produkt- & Marktstrategie	• Marktdurchdringung • Produktentwicklung • Marktentwicklung			
	Wettbewerbsstrategie	• Kostenführerschaft • Differenzierung • Nische	• Maximale Reichweite	• Umsatzwachstum	
	Portfoliostrategie	• Ausbauen • Sichern • Abbauen	• Optimale Größe	• Umsatzrendite	
Unternehmen	Restrukturierungsstrategie	• Wertkettenkonfiguration • Synergien • Desinvestitionen	• Minimale Kapazität • Balanciertes Risiko	• Investitionen • Kapitalkosten/-rendite	• Wertsteigerung
	Wachstumsstrategie	• Organisches Wachstum • Externes Wachstum • Mergers & Acquisitions • Joint Ventures & Allianzen	• Optimaler Freiheitsgrad	• Ertragssteuern	
	Wertorientierte Strategie	• Finanzierungskosten • Kapitalbindung (Anlage-/Umlaufvermögen) • Risikomanagement			

Abb. 2.2 Bedeutung von M&A für die Unternehmensstrategie. (Quelle: In Anlehnung an Raisch et al. 2007, S. 92)

konsistent mit der Unternehmensstrategie formuliert und implementiert werden. Insofern steht den Geschäftsbereichen die strategische Option externen Wachstums durch M&A nur dann zur Verfügung, wenn die Unternehmensstrategie entsprechende Ressourcen dafür zulässt und zuweist. Ist dies der Fall, kann die strategische Wachstumsoption M&A als Instrument dabei helfen, die Produkt-, Markt- und Wettbewerbsstrategie auszugestalten und die strategischen Ziele wie z. B. größenvorteilsbedingte Kostenreduktion durch verbesserte Reichweite oder marktanteilsbedingten Marktmachtaufbau oder Sortimentsausbau mit verbesserter Preis- und Konditionenpolitik zu erreichen. Abb. 2.3 stellt die grundlegenden wettbewerbsorientierten Ziele von M&A übersichtlich dar.

Akquisitionen können daher als Instrument zur Erfüllung der Geschäftsbereichsstrategien eingesetzt werden. Dies verändert regelmäßig das Geschäftsportfolio, wodurch eine Aktualisierung der Portfoliostrategie erforderlich werden kann. Im Falle von M&A sind die Geschäftsbereiche auch mittelbar betroffen, da die angestrebte Wertschaffung beispielsweise durch offensive und defensive Synergien meist umfangreiche Integration *(Post-Merger-Integration)* und Restrukturierung erforderlich macht. Insofern kann eine realisierte Akquisition eine Aktualisierung bzw. Veränderung der Restrukturierungsstrategie erforderlich machen.

Die strategische Entscheidung M&A als Wachstumsoption zuzulassen bedeutet daher Veränderungen in vielen Gestaltungsbereichen der Strategiearbeit und in der Ausgestaltung der Strategieansätze. Damit es hierbei nicht zu Widersprüchen und Brüchen in der Strategie kommt, ist ein konsistenter und planvoller Strategieprozess ein wesentlicher Baustein für erfolgreiche Akquisitionen. Allerdings kommt es hierbei auf die Ausgestaltung der Strategiearbeit an. So ist ein formalistischer Strategieprozess auf der Basis starrer Vorgaben und unveränderlicher

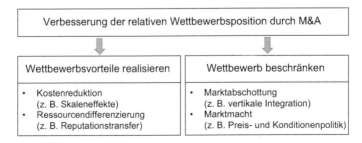

Abb. 2.3 Wettbewerbsorientierte Akquisitionsziele. (Quelle: In Anlehnung an Büchler 2009, S. 13)

Annahmen ein Grund für das Scheitern vieler strategischer Initiativen. Ebenso kommt es auf einen vielfältigen und integrierten Einsatz von Instrumenten in der Strategiearbeit an, der die Strategiearbeit für Veränderungen und Anpassungen öffnet und strategisches Um- und Neudenken zulässt. Strategiearbeit ist keine Einbahnstraße.

So entwickeln Unternehmensleitungen im Zeitablauf regelmäßig eine Grundhaltung oder Überzeugungen, die meist allgemeine Regeln und Verhaltensweisen im relevanten Markt sowie Prinzipien für strategische Entscheidungen umfassen und sich auf die Basis ihrer Markterfahrung stützen. Solche Überzeugungen können sich zum Beispiel in einer grundsätzlichen Einstellung oder Präferenz der Unternehmensleitung zu Grad und Art der Diversifikation in den Geschäftsfeldern, zur Priorisierung von strategischen Wachstumsoptionen oder angestrebten Marktpositionen äußern. Solche strategischen Grundhaltungen spiegeln in der Regel die Perspektive der Unternehmensleitung auf das eigene Unternehmen und die Funktionsprinzipien des als relevant wahrgenommenen Marktes wieder. Sie werden meist in ausformulierte **Strategiekonzeptionen** überführt, die diesen Grundsätzen entsprechen wie beispielsweise:

- *Merger-Endgame:* Diese Strategiekonzeption unterstellt, dass die Wettbewerbsintensität in allen Branchen aufgrund einer sich beschleunigenden Konsolidierung vor allem durch M&A im Verlauf des Branchenlebenszyklus stetig zunimmt. Langfristiger Unternehmenserfolg erfordert die Teilnahme am sogenannten *Race for Size* und damit eine Beschleunigung der Konsolidierung, um perspektivisch zu den größten Unternehmen in der Branche zu gehören (vgl. Deans et al. 2003). Die strategische Wachstumsannahme und Priorität liegt damit auf Akquisitionen. Das unternehmerische Markt- und Selbstverständnis verlangt nach Akquisitionen.
- *Diversifikation:* Diese Strategiekonzeption umfasst strategische Optionen zur Ausweitung der Marktabdeckung und der Ausdehnung des Produkt- oder Leistungsprogramms in neue Geschäftsfelder, wobei Akquisitionen eine zentrale Rolle zukommt. Häufig besteht ein wesentliches Ziel darin, identifizierte Risiken im Portfolio zu streuen und neue Wachstumschancen zu erschließen. Die Diversifikationstypen können nach ihrer Diversifikationsrichtung in horizontal, vertikal und lateral unterschieden werden sowie nach ihrem Geschäftsbezug in verbundene und unverbundene Diversifikation. Insbesondere vor dem Hintergrund digitaler Geschäftsmodelle und der Rekonfiguration von Wertschöpfungsketten kommt dieser Strategiekonzeption zunehmende Bedeutung zu.
- *Profit from the Core:* Diese strategische Konzeption setzt an den Defiziten von Diversifikation an und verfolgt eine Ressourcenallokation auf sog. Kerngeschäfte,

d. h. Geschäftsfelder, die auf der Basis gemeinsamer Kunden, geteilter Kosten, gebündelter Kompetenzen und führenden Markt- und Ertragspositionen in besonderer Weise zum langfristigen Unternehmenserfolg beitragen. Die strategische Priorität liegt auf offensiven und defensiven Synergien durch sich verstärkende Geschäftsaktivitäten. Die Festigung und der Ausbau dieser Kerngeschäfte wird der Erschließung neuer angrenzender Geschäftsfelder sog. *Adjacencies* vorgezogen, da im Kerngeschäft die bestehenden Wettbewerbsvorteile zu einer überlegenen Marktposition und höheren Profitabilität führen. Akquisitionen werden in dieser Konzeption in erster Linie zur Stärkung und Verteidigung des Kerngeschäftes in Erwägung gezogen (vgl. Zook und Allen 2010).

Derartige Strategiekonzeptionen leisten wertvolle und gleichzeitig prägende Hilfestellung in der Strategiearbeit. Sie empfehlen den Einsatz bestimmter Instrumente und Analysen und schärfen den Fokus für die Auswahl und Ausgestaltung der strategischen Initiativen. Gleichzeitig prägen sie aber die Wahrnehmung und das Denken in bestimmten Mustern nachhaltig und können dadurch eine begrenzte Rationalität in der Strategiearbeit aufgrund von Einseitigkeit und zu starker Fokussierung verursachen. Hierbei kann Business Wargaming als Korrektiv und zur Rationalitätssicherung im Strategieprozess – insbesondere für M&A eingesetzt werden – und ergänzt das Instrumentarium der Strategiearbeit. Es erfüllt in besonderem Maße die zuvor dargestellten Anforderungen an agile und vorausschauende Strategieentwicklung, die auf organisationsübergreifendem Erfahrungs- und Wissensaustausch und Perspektivwechseln beruht.

Business Wargaming als komplementäres Instrument für die Strategiearbeit

3

> *Why do so many companies fail to have a strategy? Why do managers avoid making strategic choices? [...] Commonly, the threats to strategy are seen to emanate from outside a company because of changes in technology or the behavior of competitors. Although external changes can be the problem, the greater threat to strategy comes from within. A sound strategy is undermined by a misguided view of competition, by organizational failures, and, especially, by the desire to grow.*
>
> Michael E. Porter 2008, S. 63

3.1 Instrumentarium für die Strategiearbeit

Das Instrumentarium der Strategiearbeit ist derart umfangreich, dass leicht die Orientierung bei der Auswahl geeigneter Instrumente verloren geht. Eine Unterscheidung von Strategieinstrumenten nach ihrem Zeitbezug und Interaktionsgrad ermöglicht eine Zuordnung zu vier grundsätzlichen Gruppen, die sich hinsichtlich ihres Erkenntnisbeitrags für die Strategieentwicklung unterscheiden (vgl. Abb. 3.1). Der Zeitbezug unterteilt dabei nach der Daten- oder Modellbasis in vergangenheits-und zukunftsbezogene Instrumente. Der Interaktionsgrad in der strategischen Analyse differenziert in statische und dynamische Instrumente, das heißt zeitpunktbezogene gegenüber zeitverlaufsorientierten Perspektiven der strategischen Analyse.

Strategieinstrumente mit einem statischen Interaktionsgrad und einer zeitpunktbezogenen Betrachtung auf der Basis von vergangenheits- bzw. gegenwartsbezogenen Daten liefern **Momentaufnahmen** für die strategische Analyse. Der Erkenntnisbeitrag liegt darin, aus der strukturierten Darstellung der Branchen- oder

© Springer Fachmedien Wiesbaden GmbH 2017
J.-P. Büchler, *Business Wargaming für Mergers & Acquisitions,*
essentials, DOI 10.1007/978-3-658-17816-1_3

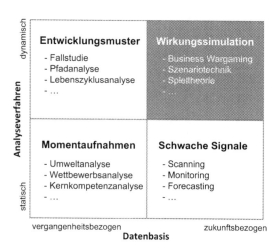

Abb. 3.1 Instrumente der Strategieentwicklung. (Quelle: Büchler 2016a, S. 50)

Unternehmenssituation unmittelbare Rückschlüsse und Empfehlungen für die Gestaltung der Gegenwart oder die nahe Zukunft in den Strategieprozess einzubeziehen. Insbesondere klassische Instrumente der Strategieentwicklung wie etwa die Umwelt-, Branchenstruktur-, Wertketten- oder Aktivitätsanalyse gehören zu dieser Gruppe. So können z. B. aus der Wettbewerberanalyse individuelle Reaktionsprofile abgeleitet werden, welche die Verhaltensweisen und strategische Stoßrichtung von relevanten Wettbewerbern auf der Basis harter und weicher Informationen aufzeigen und für die strategische Planung nutzbar machen (vgl. Büchler 2014a, S. 43).

Die frühzeitige Entdeckung sich herausbildender Trends wird durch **schwache Signale** ermöglicht. Dies kann mit Hilfe von solchen Instrumenten erfolgen, die gegenwarts- und zukunftsbezogene Daten mit geringem Interaktionsgrad verwenden. Der strategische Erkenntnisbeitrag liegt in der Entschlüsselung und Strukturierung erster Hinweise auf relevante und wirkungsstarke Veränderungen im Unternehmensumfeld. Instrumente zur Informationsgewinnung und Wissentdeckung, die mit sog. Abtastmethoden *(Scanning)* arbeiten, wie zum Beispiel Data- oder Textmining, helfen bei der Erfassung und Klassifikation solcher Signale. Deren fortlaufende Beobachtung *(Monitoring)* unterstützt dabei, Abhängigkeiten zwischen einzelnen Signalen bzw. Merkmalen zu identifizieren. Eine vorausschauende Prognose *(Forecasting)* kann diese Erkenntnisse für die strategische Planung zugänglich machen (vgl. Ansoff 1981, S. 248).

Entwicklungsmuster bilden sich im Zeitablauf als wahrnehmbare Abfolge von miteinander verbundenen Managemententscheidungen und Verhaltensweisen. Sie liefern den Erkenntnisgewinn, dass sich bestimmte strategische Verhaltensweisen in einem Marktkontext in gleichförmiger Art und Weise wiederholen. Sie lassen sich ex-post mit qualitativen und quantitativen Instrumenten herausfiltern. Fallstudien erlauben die explorative Untersuchung von realen Situationen, in denen Managemententscheidungen und Konsequenzen kontextabhängig aus verschiedenen Perspektiven untersucht werden (vgl. Ghemawat 1997, S. 14 ff.). Mit Pfadanalysen lassen sich die Zusammenhänge zwischen ausgewählten Variablen überprüfen und Pfadabhängigkeiten ermitteln. Lebenszyklusanalysen strukturieren Bezugsobjekte wie zum Beispiel einzelne Produkte, Produktgruppen, Märkte oder Technologien in Entwicklungsphasen. Diese Strategieinstrumente unterstützen dabei, eine beobachtete Entwicklung systematisch zu erfassen. Auf dieser Basis lassen sich die Entstehung gegenwärtiger Marktpositionen und -strukturen erklären und mittelfristige Maßnahmen ableiten.

Wirkungssimulationen lassen sich mit Strategieinstrumenten modellieren, die eine dynamische Interaktion zwischen Marktakteuren zulassen und auf der Basis von Aktions-Reaktions-Mechanismen die Konsequenzen von Entscheidungen und Verhaltensweisen in die Zukunft fortschreiben. Die Modellannahmen für eine dynamische „Was-wäre-wenn-Analyse" resultieren entweder aus Erkenntnissen der strategischen Analyse mittels Momentaufnahmen und Entwicklungspfaden oder aus identifizierten schwachen Signalen und daraus abgeleiteten Hypothesen für zukünftiges Verhalten. Somit ist eine Integration mit anderen Strategieinstrumenten der Strategiematrix bzw. deren vorlaufender Einsatz erforderlich, um Erkenntnisse aus der Modellierung zukünftiger Entwicklungen unter alternativen Wirkungsannahmen abzuleiten. Beispielhafte Instrumente sind die Szenariotechnik, die eine große Bandbreite unterschiedlicher Zukunftsszenarien vergleichend untersucht, oder spieltheoretische Modelle, die komplexe Entscheidungssituationen formalisieren, analytisch lösen und konkrete Spielstrategien vorschlagen (vgl. Ghemawat 1997, S. 219 ff.). Business Wargaming ist eine besondere Form der strategischen Simulation, die gleich mehrere Elemente aus Kreativitäts-, Szenario- und Simulationstechnik sowie Wettbewerbs- und Pfadanalyse vereint. Das Management gestaltet und bewertet in einem maßgeschneiderten Simulationsumfeld relevante Zukunftssituationen in einem partizipativen Prozess entlang mehrerer Entscheidungsrunden und testet dabei z. B. die Widerstandsfähigkeit der eigenen Strategie oder die Annahmen über die Spielregeln und ihre Veränderung in einer Branche (vgl. Oriesek und Schwarz 2009, S. 47). Insofern wird das Management für seine Entscheidungs- und Handlungskonsequenzen im risikofreien Raum sensibilisiert und erhält eine Möglichkeit, generische Wirkungsmuster aus der Strategieentwicklung in handlungsleitende Wirkungsmuster zu überführen.

Die Vielfalt der zur Verfügung stehenden Methoden und Instrumente eröffnet umfangreiche Möglichkeiten für die Strategieentwicklung. Die in der Strategiematrix dargestellten Methoden und Instrumente schließen sich dabei überhaupt nicht aus, sondern entwickeln gerade im Zusammenspiel ihr vollständiges Potenzial. Unter dynamischen Marktbedingungen sind vor allem Instrumente mit Zukunftsorientierung und hoher Interaktionsdynamik von großer Bedeutung. Business Wargaming eignet sich für dynamische Märkte in besonderem Maße, da die Interaktionen in den Entscheidungs- und Ergebnisrunden einen gemeinsamen Erfahrungs- und Lernprozess in Gang setzen, der die strategische Antizipationsfähigkeit fördert.

3.2   Arten und Anwendungsgebiete von Business Wargames

Business Wargaming ist ein vielseitiges Instrument für die Strategiearbeit und kann in Abhängigkeit der Datenbasis und des Spielmodus in unterschiedliche Arten differenziert werden. Hieraus ergeben sich idealtypische Anwendungsgebiete.

Die **Datenbasis** für ein Business Wargame kann entweder eine qualitative oder eine quantitative Basis aufweisen (vgl. Büchler 2016a, S. 50). In einem quantitativen Business Wargame werden die Ergebnisse der Teilnehmerentscheidungen in den jeweiligen Spielrunden auf der Grundlage eines Computermodells, das die Wirkungszusammenhänge zwischen ausgewählten Handlungsparametern mit umfassenden Simulationsdaten wie etwa Marktinformationen untermauert, berechnet. Die Teilnehmerentscheidungen können beispielsweise die Preisgestaltung, die Konzeption von Verkaufsförderungsaktivitäten und Produktionsmengen betreffen, die entweder papierbasiert über Formulare oder elektronisch an die Spielleitung übermittelt werden. Die meist individuell angefertigte Simulationssoftware ordnet den Entscheidungen aller Teams auf der Basis von Sensitivitäten und Wirkungskurven, die im Rahmen der Vorbereitung eines Wargames ermittelt wurden, sodann konkrete und direkt messbare Markt- bzw. Unternehmensergebnisse zu. Im Anschluss können die Teilnehmer diese Ergebnisse mit dem klassischen Instrumentarium der Strategiearbeit analysieren, interpretieren und als Basis für weitere strategische Entscheidungen nutzen. Im Unterschied dazu setzen qualitative Business Wargames anstelle der Rechenmechanik einer Simulations-Software auf einen moderierten Diskurs zwischen den Teilnehmern. Dem

Spielleiter beziehungsweise ausgewählten Branchenexperten kommt dabei die Rolle zu, einen Konsens hinsichtlich der Rundenergebnisse zu erzielen. Dazu müssen die Teilnehmer ihre Spielzüge, das heißt ihre Entscheidungen und Verhaltensweisen detailliert begründen und ihre zugrunde liegenden Annahmen verargumentieren. Im Ergebnis setzen sowohl quantitative als auch qualitative Business Wargames einen gemeinsamen Reflexionsprozess über die Annahmen der Wirkungszusammenhänge in Gang. Am Ende dieses Prozesses stehen dann konkrete Antworten auf strategische Handlungsoptionen.

Der **Spielmodus** in einem Business Wargame kann entweder wettbewerblich oder kooperativ angelegt sein. Der **wettbewerbliche Spielmodus** stellt den Regelfall für die Strategieentwicklung dar. Im Mittelpunkt stehen hierbei individuelle Entscheidungen von mehreren im Business Wargame simulierten Unternehmen, die im Wettbewerb miteinander stehen und wechselseitige strategische Aktionen beziehungsweise Reaktionen planen und durchführen. Die Zielsetzung in dem Spielmodus liegt darin, Wettbewerbsvorteile auf- und auszubauen, Marktpositionen zu verbessern und Gewinne zu maximieren. Der Gegenstand der Entscheidungsfindung und Analyse sind die Entwicklung von Markt- und Wettbewerbsstrategien auf Unternehmensebene. Die Bewertungsdimensionen zur Beurteilung der Strategien sind Kennziffern des Unternehmens- und Markterfolgs wie zum Beispiel EBIT oder Marktanteil. Der **kooperative Spielmodus** stellt die Koalitionsbildung zwischen mehreren Akteuren in einem Netzwerk in den Mittelpunkt, sodass das Zusammenspiel vieler Stakeholder in einer komplexen Situation mit vielen externen Umwelteinflüssen analysiert und optimiert werden kann. Kooperative Wargames haben die Zielsetzung, eine gemeinschaftliche Konflikt- und Problemlösung durch die Abstimmung und Koordination von Verhaltensweisen zu erreichen. Hierbei werden gemeinsame Schnittstellen aufgefunden und aufeinander abgestimmt. Dies ist zum Beispiel im Fall von Krisen- beziehungsweise Katastrophenprävention bei der Entwicklung von Risikomanagementstrategien erforderlich. Insbesondere das Management globaler Wertschöpfungsnetzwerke erfordert die Entwicklung von Kooperationsstrategien für das operative Geschäft einerseits und für Notfallsituationen zum Beispiel aufgrund von Naturkatastrophen andererseits. Die Bewertungsdimensionen resultieren aus der jeweiligen Fragestellung, beinhalten aber zum Beispiel die Kosten für den Aufbau von Koalitionen oder Netzwerken für eine robuste und agile Wertschöpfungskette im Vergleich mit dem entgangenen Gewinn bei einem vollkommenen Produktionsausfall. Ebenso können operative Leistungskennzahlen wie Lieferzeiten, Lagerbestände oder Lieferausfälle herangezogen werden.

Die Anwendungsgebiete von Business Wargaming sind vielfältig, wobei die Gemeinsamkeit stets darin besteht, die Interaktionen von internen und externen

Einflussfaktoren aus unterschiedlichen Perspektiven zu reflektieren und zukunfts-
gerichtet in die strategische Entscheidungsfindung einzubeziehen. Anhand der
vorgestellten Arten von Business Wargames in Bezug auf die Datenbasis und den
Spielmodus zeigt die nachfolgende Abbildung einige ausgewählte Anwendungsgebiete (vgl. Abb. 3.2).

Business Wargames finden typischerweise bei solchen Managemententscheidungen Anwendung, die vor allem eine hohe Komplexität aufweisen (Stakeholder
Management), unter erheblicher Unsicherheit getroffen werden (Innovationsmanagement), große Auswirkungen auf die Unternehmensorganisation haben
können (Risikomanagement) oder eine langfristige Festlegung von Ressourcen
betreffen (Mergers & Acquisitions).

Im Rahmen des **Risikomanagements** kann Business Wargaming für die Vorbereitung auf Krisen oder Katastrophen bzw. für die Erarbeitung und den Test
von Notfallroutinen sowie zur strategischen Früherkennung und Identifikation
schwacher Signale eingesetzt werden. In diesen Anwendungsfällen ist ein koope-
rativer Spielmodus empfehlenswert, da beispielsweise Krisenreaktion regelmäßig
das Zusammenspiel vieler Funktionen und Bereiche erfordert. Ebenso sind für
die strategische Früherkennung die Zusammenfassung und integrierte Auswertung von Informationen aus vielen verschiedenen Quellen eines Unternehmens
wie z. B. Vertrieb, Einkauf, Produktentwicklung zu leisten, sodass auch hier die

Abb. 3.2 Arten und Anwendungsgebiete von Business Wargaming. (Quelle: Eigene Darstellung)

Zusammenarbeit und eine gemeinsame Perspektive bzw. vernetztes Denken im Fokus des Business Wargame stehen. In der Regel sind die verfügbaren Daten quantifizierbar, sodass Risiken konkretisiert und der Einfluss auf die Geschäftstätigkeit in Erfolgskennzahlen abgebildet werden kann. Ebenso können die erarbeiteten Maßnahmen für das Risikomanagement mit Kostenpositionen belegt werden.

Anwendungsfälle im **Stakeholder Management** können zum Beispiel eine Verhaltensanalyse von wichtigen Vertragspartnern oder Verhandlungen mit Kunden oder Lieferanten betreffen. Ist man sich über das Verhalten anderer Stakeholder und die dahinter liegenden Ursachen im Unklaren, kann ein Wargame weiterhelfen. Hier kommt insbesondere die Eigenschaft eines Wargames zum Tragen, dass über die durch die einzelnen Spieler verfolgten Spielstrategien und Spielzüge gemeinsam diskutiert wird. So lässt sich schrittweise ein Verständnis für die Aktionen und Verhaltensweisen der anderen Stakeholder aufbauen. Dies kann auch für Business Wargames für Post-Merger-Integration genutzt werden. In der Regel lassen sich Verhaltensweisen nur sehr schwer quantifizieren, sodass die Datenbasis und Analyse rein qualitativ ist. Die gemeinsame Reflexion über Verhaltensweisen und das Erreichen gemeinsamer Ziele wie z. B. ein Vertragsabschluss legen einen kollaborativen Spielmodus nahe.

Im **Innovationsmanagement** können Business Wargames zum Beispiel für die strategische Entwicklung des Technologieportfolios oder für die Vorbereitung von Produktneueinführungen genutzt werden. Bei derartigen Fragestellungen betritt ein Unternehmen in aller Regel Neuland und kann also nicht oder nur auf wenige Erfahrungen in diesem Umfeld zurückgreifen. Mithilfe eines Wargames wird nun beispielsweise die Einführung eines neuen Produktes in einen Markt simuliert, wodurch die Abwehrreaktionen der dort bereits etablierten Wettbewerber vorausschauend ermittelt werden sollen. Mit dieser Kenntnis kann die eigene Eintrittsstrategie angepasst und auf die erwarteten Gegenreaktionen hin optimiert werden. Derartige Anwendungsfälle weisen in der Regel einen Markt- und Wettbewerberbezug auf. Je nach Entwicklungsreife von Technologien oder Produkten bleiben Business Wargames vor allem im Technologiebereich auf qualitativer Ebene oder können quantitativ ausgestaltet werden, wenn im Rahmen von Produktneuentwicklungen bereits erste belastbare quantitative Daten vorliegen.

Business Wargames können bei **Mergers & Acquisitions** vom Screening über die Transaktion bis hin zum Post-Merger-Integrationsmanagement in allen Phasen des M&A-Prozesses angewendet werden (vgl. Abb. 3.3).

In der Regel verfügen Unternehmen im M&A-Prozess bereits über eine gute bis sehr gute quantitative Datenbasis, da bereits im Rahmen der strategischen Analyse und Planung detaillierte Markt- und Wettbewerberinformationen erarbeitet

	Stage 1	Stage 2	Stage 3	Stage 4	Stage 5
	M&A Screening	**Business Planning**	**Due Diligence**	**Deal Closing**	**PMI**
Business Wargame:	• Merger Endgame	• Synergy Game	• Bidding Game	• Negotiation Game	• Integration Game
Planungsebene:	• strategisch	• strategisch	• taktisch	• taktisch	• taktisch
Spielmodus:	• kompetitiv	• kooperativ	• kompetitiv	• kompetitiv	• kooperativ
Datenbasis:	• quantitativ	• qualitativ	• quantitativ	• qualitativ	• qualitativ

Abb. 3.3 Einsatzmöglichkeiten von Business Wargaming im M&A-Prozess

worden sind bzw. im Rahmen der Due Diligence erhältlich sind. Der Spielmodus kann in diesem Anwendungsgebiet abhängig von der untersuchten Fragestellung sowohl kompetitiv als auch kooperativ sein. In der Regel sind die markt- und wettbewerbsorientierten Fragestellungen mit einem kompetitiven Spielmodus vereinbar, da die Verbesserung der eigenen Wettbewerbsposition gegenüber Wettbewerbern und die Konsolidierung des Marktes *(Merger Endgame)* oder der Kauf eines Unternehmens im Bieterverfahren *(Bidding Game)* im Vordergrund stehen. Die Untersuchung von internen Fragestellungen, die sich z. B. mit der Realisierung von Synergien *(Synergy Game)* oder der Post-Merger-Integration *(Integration Game)* befassen, wird besser mit einem kooperativen Spielmodus erreicht.

3.3   Ablauf eines Business Wargames

Der Ablauf von Business Wargaming gliedert sich in vier grundsätzliche Phasen: Initiierung, Vorbereitung, Durchführung und Rückkopplung (vgl. Abb. 3.4).

Initiierung: Spielauftrag festlegen

Die Initiierung eines Business Wargames erfolgt meist durch das Top-Management oder durch eine mit dem Strategieprozess betraute Stabsfunktion. Aus dem zuvor beschriebenen Strategieprozess ergibt sich eine konkrete Fragestellung, die mithilfe eines Business Wargames beantwortet werden soll. Diese Fragestellung wird im Rahmen eines Briefing präzise definiert. Hierbei wird auch eine klare Zielsetzung formuliert, der Teilnehmerkreis festgelegt und die Art des Business Wargames vereinbart. Der nachfolgende Fragenkatalog dient als Checkliste für das Briefing (vgl. Büchler 2016b, S. 48):

- Worin liegt der angestrebte Erkenntnisgewinn?
- Welche zentrale Fragestellung soll beantwortet werden?

Abb. 3.4 Ablauf von Business Wargames. (Quelle: Büchler 2016c, S. 49)

- Welchen inhaltlichen Schwerpunkt hat das Business Wargame?
- Wie ist die Daten- und Informationslage beschaffen?
- Welcher Zeithorizont liegt dem Business Wargame zugrunde?
- Welche Teilnehmer übernehmen welche Rollen in der Planung und Durchführung?

Die konkrete Beschreibung des angestrebten Erkenntnisgewinns und die Formulierung der zentralen Fragestellung sind entscheidend für die Vorbereitung und erfolgreiche Durchführung eines Business Wargames. Eine allgemeine Beschreibung des Erkenntnisgewinns wie zum Beispiel „Mergers & Acquisitions" ist hierfür nicht hinreichend. Vielmehr muss präzise darauf eingegangen werden, ob es beispielsweise um eine grundsätzliche strategische Abwägung externer versus organischer Wachstumsoptionen geht oder ob eine konkrete Akquisitionsstrategie wie zum Beispiel die Akquisition eines TOP 3-Wettbewerbers unter Verwendung des Strategiekonzepts Merger Endgame bewertet werden soll.

Außerdem ist die Beschaffenheit der Daten- und Informationsgrundlage frühzeitig auf Umfang, d. h. Breite und Detailtiefe der Daten sowie auf Vollständigkeit zu prüfen. Erforderliche Informationen sind in der Regel Markt- und Wettbewerberdaten (z. B. mengen- und preisbezogene Absatzkennzahlen auf Unternehmens- oder Markenebene, Marktsegmentdaten), eigene Unternehmensdaten (z. B. aus der Gewinn- und Verlustrechnung), Trends und Entwicklungen. Diese Daten können aus einschlägigen Marktdatenbanken, Geschäfts- und Analystenberichten, Interviews mit Branchenexperten sowie aus dem unternehmensinternen Berichtswesen gewonnen werden. Zum Aufbau einer geeigneten Datenbasis für das Business Wargame ist die Verknüpfung einer Vielzahl von dezentralen Datenquellen erforderlich. Weiterhin sind die Anforderungen an die Granularität, d. h. den Detaillierungsgrad der Datenbasis zu klären und mit der

Zielsetzung sowie dem thematischen Schwerpunkt abzustimmen. Ein Business Wargame zur Erarbeitung einer Bieterstrategie im Rahmen einer Transaktion wird in der Regel über eine sehr detaillierte Datenbasis aus der Due Diligence verfügen können. Außerdem ist der Zeithorizont, der simuliert werden soll, festzulegen. Dies umfasst den Ausgangspunkt wie etwa die gegenwärtige Unternehmens- und Marktsituation oder ein aus der strategischen Analyse stammendes Zukunftsszenario, in dem bereits eine M&A-Transaktion von Wettbewerbern unterstellt und vorweggenommen wurde. Schließlich ist die zeitliche Tiefe durch die Anzahl und Dauer der Spielperioden zu bestimmen (vgl. Oriesek und Schwarz 2009, S. 39).

Die Auswahl und Zusammensetzung der Teilnehmer ist ebenfalls für den Erfolg eines Business Wargame entscheidend. Insbesondere ist zu klären, welche betrieblichen Funktionen und Managementebenen an der Vorbereitung teilnehmen und wer in welcher Rolle zum Beispiel als Spielpartei oder Experte in der Durchführung fungiert. Ebenso ist zu entscheiden, ob externe Experten in das Business Wargame eingebunden werden sollen. Die vom Spielauftrag und von der Fragestellung unmittelbar betroffenen betrieblichen Funktionen und Geschäftsbereiche sind meist unverzichtbar. Es hat sich als zielführend erwiesen, zentrale Unternehmensfunktionen wie zum Beispiel das Strategische Controlling wegen der komplexen Daten- und Informationssammlung aktiv in die Vorbereitung einzubeziehen und während der Durchführung in eine Expertenrolle oder Kontrollfunktion zu integrieren.

In der Regel benötigt die Initiierungsphase einige Tage Zeit, sofern die grundsätzliche Entscheidung für den Einsatz des Strategieinstruments Business Wargaming getroffen ist und Ressourcen bewilligt werden können.

Vorbereitung: Datenbasis und Spielmodell ausarbeiten
Die Vorbereitungsphase dient der Informationssammlung und dem Aufbau der Datenbasis, welche für die Erstellung der Teambriefings sowie für die Ausarbeitung der Regelwerke (Game Books) und für das Design des Simulationsmodells erforderlich ist.

Der untenstehende Fragenkatalog dient als Checkliste für die Bestandsaufnahme vorhandener Informationen und für die Planung der weiteren Informationssammlung (vgl. Büchler 2016b, S. 49):

- Welche strategischen Informationen liegen bereits vor?
- Welche Daten sollen bzw. müssen noch erhoben werden?
- Welche Datenquellen können bzw. dürfen genutzt werden?
- Wie kann Datenkonsistenz erreicht werden?

- Welche Experten können bzw. dürfen hinzugezogen werden?
- Wie werden die Informationen aggregiert und verdichtet?

Die **Informationssammlung** beginnt mit der Konsolidierung und Bestandsaufnahme aller relevanten und vorhandenen Daten aus internen und externen Quellen. Den Ausgangspunkt stellen die Daten und Informationen aus dem Strategieprozess und dem Briefing für das Business Wargame dar. Hierbei zeigen sich die Vorteile eines systematischen Strategieprozesses, der idealerweise über eine aktuelle, gepflegte Datenbasis verfügt. Bei der Auswahl der Daten- und Informationsquellen ist auf eine größtmögliche Vergleichbarkeit der Daten und Einheitlichkeit von Definitionen bzw. Abgrenzung von Marktsegmenten zu achten (vgl. Büchler 2014a, S. 43). Fehlende Datenpunkte müssen entweder erhoben, durch Annahmen hergeleitet oder durch Expertenschätzungen ermittelt werden. Insbesondere bei unvollständiger Information sind Meinungen und Einschätzungen von Branchenexperten oder Funktionsspezialisten von großer Bedeutung für die Bewertung von zukünftigen Entwicklungen und deren Berücksichtigung im Wargame oder die Konzeption von Reaktions- und Wirkungsmechanismen im Simulationsmodell. Sämtliche Datenpunkte werden in eine gemeinsame Datenbasis überführt, die eine strukturierte Übersicht für die Erarbeitung von Game Books und Simulationsmodellen schafft (vgl. Weber et al. 2008, S. 21 ff.).

In Abhängigkeit von der Datenverfügbarkeit bzw. dem zur Verfügung stehenden Budget zum Kauf erforderlicher Marktdaten oder Konsultation von Marktexperten und der gewählten Methodik kann der Aufbau einer geeigneten Datenbasis durchaus mehrere Wochen beanspruchen.

Auf der Grundlage der erarbeiteten Datenbasis kann ein computergestütztes Simulationsmodell entwickelt werden. Das **Simulationsmodell** dient in erster Linie als Hilfsmittel, das einen relevanten Ausschnitt, der für die Zielsetzung des Business Wargames entscheidend ist, detailliert darstellt. Es beansprucht nicht, die Markt- und Unternehmensrealität vollständig abzubilden. Im Mittelpunkt des Simulationsmodells steht die Programmierung eines Markt- und Kontrollmodells. Es ermöglicht auf der Basis von Markt- und Wettbewerbsdaten (Umsatz, Ergebnis, Marktanteil etc.) aus der Datenbasis sowie von Wirkungs- und Reaktionsfunktionen (Preisabsatzfunktion, Preissensitivität, Mengengerüst, etc.), die mit Unterstützung von Branchen- und Wargaming-Experten erarbeitet werden, die Simulationsrechnung für zukünftige Marktergebnisse. Damit verbunden ist die Festlegung der operativen und strategischen Entscheidungsparameter wie zum Beispiel Preise, Produktions- und Absatzmengen oder offensive und defensive Synergien im Rahmen der Integration. Da für jedes Business Wargame ein individuelles Simulationsmodell entworfen wird, empfiehlt es sich, das Simulationsmodell einem

Stabilitäts- und Sensitivitätstest zu unterziehen, d. h. insbesondere Grenzwertbetrachtungen durchzuführen.

Weiterhin ist die **Team-Konfiguration** ein entscheidender Aspekt des Simulationsdesigns. Meist sind vier bis acht Teams in verschiedenen Rollen beteiligt. Zu den unbedingt erforderlichen Teams zählen das Unternehmens-Team, mindestens ein Wettbewerber-Team, das Markt-Team und das Kontroll-Team, das häufig auch die Spielleitungsfunktion wahrnimmt oder zumindest unterstützt. Die Auswahl der Wettbewerber ist entscheidend für den Spielverlauf und erfolgt in Abhängigkeit der Marktdefinition und Zielsetzung. Es können entweder einzelne Wettbewerber oder strategische Gruppen, d. h. solche Wettbewerber mit homogenen Verhaltensweisen oder Eigenschaften, wie zum Beispiel die akquisitionsstärksten Wettbewerber, durch jeweils ein Team gespielt werden. Als Sonderform kann ein sogenannter Albtraumwettbewerber entworfen werden. Hierbei handelt es sich um einen fiktiven Wettbewerber, der die stärksten Eigenschaften der wichtigsten Wettbewerber in sich vereint. In Abhängigkeit der Fragestellung sind auch besondere Team-Spezifikationen denkbar. Für die kartellrechtliche Untersuchung von Unternehmenstransaktionen sind Regulierungs-Teams erforderlich, die aus der Perspektive der Wettbewerbsaufsicht handeln und frühzeitig mögliche Auflagen bzw. Merger Remedies für die Genehmigung einer Transaktion identifizieren und so ein Genehmigungs- bzw. Freigabeverfahren beschleunigen können. Hierbei können Wettbewerbsrechtler und Wettbewerbsökonomen helfen, die zum Beispiel als Experten für die Transaktionsberatung aus rechtlicher oder finanzieller Sicht eingebunden werden. Business Wargames, die beispielsweise komplexe Fragen der Post-Merger-Integration untersuchen, können Funktions-Teams mit internen Experten aus Forschung und Entwicklung oder auch externe Produktentwickler z. B. von Zulieferern einbeziehen.

Abschließend werden die **Regelwerke** *(Game Books)* verfasst und die Teams zusammengestellt. Die Regelwerke erläutern den Spielablauf des Business Wargames, die Entscheidungsparameter, die Beschaffenheit der Ausgangssituation und den Spielauftrag sowie die Spielregeln. Sie dienen vor allem dem Realitätsbezug und der Spielbarkeit. Die Informationen zur Ausgangssituation bieten allen Teilnehmern eine allgemeine Einführung in das Markt- und Wettbewerbsumfeld sowie die Entscheidungsparameter, die in den Spielrunden von den Teilnehmern ausgestaltet werden müssen. Derartige Informationen sind für alle Teilnehmer identisch und stellen gemeinsames Wissen im spieltheoretischen Sinne, sogenanntes Common Knowledge dar. Außerdem wird der Aufbau des Simulationsmodells erklärt. Dazu zählen unter anderem Beschreibungen der teilnehmenden Teams und die Erläuterung des Zeithorizonts im Spiel, das heißt die Anzahl der geplanten Spielrunden sowie einen Ablaufplan über die gesamte Spieldauer.

Zusätzlich erhalten die Teilnehmer individuelle (d. h. geheime) Informationen zur speziell zugeschriebenen Teilnehmerfunktion, also zu dem von ihnen dargestellten Marktakteur. Diese spezifischen Informationen sind für die anderen Teams nicht verfügbar und können strategische Ziele, detaillierte Kennzahlen sowie Informationen zur aktuellen strategischen Ausrichtung beispielsweise zu Wettbewerbsstrategie, Akquisitionsbudget oder möglichen Akquisitionszielen enthalten. Auf dieser Basis entwickeln die Teams später ihre Strategien und treffen Entscheidungen.

Die gesamte Vorbereitungszeit beträgt häufig zwischen sechs bis zwölf Wochen in Abhängigkeit des Detailgrads der strategischen Analyse sowie vorhandener Markt- und Wettbewerbsdaten aus der Market- und Competitive Intelligence.

Durchführung: Strategie interaktiv entwickeln und testen
Die Durchführung eines Business Wargames erfolgt meist im Rahmen eines mehrtägigen Workshops. Der Spielablauf ist durch eine Reihe von Entscheidungsrunden beziehungsweise Spielzügen vorgegeben und sieht ausreichend Zeit zur kritischen Würdigung und Reflexion von strategischen Entscheidungen und deren Auswirkungen vor (vgl. Abb. 3.5).

In der Wargaming Arena treffen sich die Teilnehmer zu Beginn einer jeden Runde und bereiten ihre unternehmerischen Entscheidungen vor. Worum es dabei konkret geht, hängt von dem Spielauftrag und dem darauf aufbauenden Design des Wargame ab.

In jeder Entscheidungsrunde geben die Teams ihre Entscheidungen, die sie auf Basis der Marktdaten und ihren strategischen Zielsetzungen treffen, an die Spielleitung. In einem kompetitiven Spielmodus kann die Kommunikation zwischen den Teams während der Entscheidungsrunden unterbunden oder durch ein von der Spielleitung kontrolliertes E-Mailsystem erfolgen. Dies ist zum Beispiel in

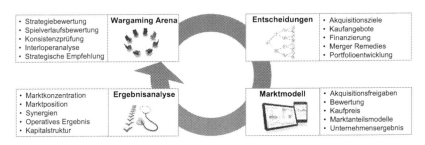

Abb. 3.5 Schematische Darstellung einer Spielrunde. (Quelle: Büchler 2016c, S. 46)

solchen Fällen sinnvoll, in denen das Unternehmensteam ein Akquisitions- oder Fusionsvorhaben beim Markt- und Kontrollteam anmelden möchte oder zum Beispiel ein Kaufangebot an ein Wettbewerberteam richtet. Dieses Verfahren dient dazu, etwaige Verhandlungen bis zur wettbewerbsrechtlichen Entscheidung geheim zu halten.

Sämtliche Entscheidungen werden im Simulationsmodell konsolidiert und Rundenergebnisse vom Markt- und Kontrollteam mithilfe der Simulationssoftware ermittelt, welche die neue Marktsituation als Ausgangslage für die nächste Spielrunde darstellen. Während die Unternehmens- bzw. Wettbewerberteams die neuen Marktinformationen auswerten und ihre strategischen Antworten auf die Marktentwicklung formulieren bereitet das Markt- und Kontrollteam eine Marktanalyse vor, die zum Beispiel die Entwicklung von Marktsegmenten, Geografien, Produktkategorien und Absatzkanälen darstellt und auswertet. Auf dieser Basis kann das Markt- und Kontrollteam spezifische Fragen zum M&A-Vorhaben vorbereiten bzw. beantworten wie etwa vorgeschlagene Unternehmenstransaktionen auf das Wettbewerbsverhalten einwirken und Marktstrukturen verändern. Zusätzlich kann es in seiner Funktion als Wettbewerbsaufsicht beispielsweise Transaktionsfreigaben oder Auflagen für einen Unternehmenszusammenschluss begründen.

In den Plenarsitzungen *(Wargaming Arena)* kommen alle teilnehmenden Teams zusammen. Das Markt- und Kontrollteam stellt die zentralen Marktergebnisse anhand von Kennzahlen und Veränderungen vor und legt dabei einen Schwerpunkt auf die strategischen Entscheidungsparameter. So werden z. B. Akquisitionsfreigaben bekannt gegeben oder über laufende Prüfverfahren berichtet, sofern diese öffentlich sind. Ebenso wird eine gemeinsame Interpretation des Spielgeschehens und der Rundenergebnisse im Plenum vorgenommen. In regelmäßigen Abständen, das kann nach jeder Runde, aber auch nach einer bestimmten Anzahl an Runden sein, werden die Spielzüge und die dahinter liegenden Strategien der einzelnen Spielparteien offengelegt und gemeinsam diskutiert. Dadurch entwickeln alle Teilnehmer ein gemeinsames Verständnis über die Marktmechanismen (vgl. Romeike und Spitzner 2013, S. 141).

Rückkopplung: Strategie reflektieren und optimieren

In der Rückkopplungsphase werden die zentralen Ergebnisse aus dem Business Wargame gemeinsam herausgearbeitet und in einer kritischen Würdigung für die strategischen Entscheidungsträger aufbereitet. Dabei steht das gemeinsame Verständnis über die Konsequenzen bestimmter Strategien im Mittelpunkt der Aufarbeitung. Im Ergebnis können die Teilnehmer an einem Business Wargame strategische Optionen neu entwickeln, bestätigen, verändern oder verwerfen. Der folgende Fragenkatalog dient als Checkliste für die Rückkopplung in den Strategieprozess:

- Was ist gut und was ist schlecht gelaufen?
  (Manöverkritik)
- Welche Schlussfolgerungen können aus dem Spielverlauf abgeleitet werden?
  (Analyse der weichen Faktoren z. B. Verhaltensweisen)
- Welche Schlussfolgerungen können aus den Ergebnissen abgeleitet werden?
  (Analyse der harten Faktoren z. B. Marktposition, Ergebnis)
- Welche Schlussfolgerungen verändern die bisherige Strategie?
  (Reflexion)
- Welche nächsten Schritte werden für den Strategieprozess empfohlen?
  (Impuls)
- Welche Ergebnisse werden für die Abschlussdokumentation festgehalten?
  (Wissensarchiv)

Die Rückkopplung in den Strategie- bzw. in den M&A-Prozess beinhaltet eine umfassende strategische Empfehlung, die auf einer gemeinsamen Informations- und Erfahrungsbasis erarbeitet und reflektiert wurde. Sie leistet damit einen wichtigen Beitrag zur Rationalitätssicherung von Management-Entscheidungen. Schließlich wird eine strukturierte Abschlussdokumentation für das Wissensmanagement erstellt.

Business Wargaming für systematische M&A-Entscheidungen

4

> When thinking strategically, you have to work extra hard
> to understand the perspective and interactions of all the
> other players in the game, including ones who may be
> silent.
>
> Avinash K. Dixit und Barry J. Nalebuff 2008, S. 28

4.1 M&A-Stage-Gate-Prozessmodell

Akquisitionen erfordern ein sorgfältiges und diszipliniertes Vorgehen, da nur diejenigen Akquisitionen realisiert werden sollten, die konform mit den strategischen Zielen sind und zu einer Wertsteigerung führen. Das bereits im Strategieprozess erarbeitete Markt- und Wettbewerbswissen, der Fokus auf die Realisierung von Synergien im Rahmen der Integration und eine daraus schlüssig abgeleitete Bewertung potenzieller Akquisitionsziele sind erfolgskritisch. Da die Bewertungsfrage zentrale Bereiche der Strategiearbeit betrifft und in der Regel sehr unterschiedliches Fachwissen aus den Funktionsbereichen wie zum Beispiel Forschung & Entwicklung oder Supply Chain Management erfordert, um Synergiepotenziale zu identifizieren und zu quantifizieren, ist ein strukturiertes Vorgehen im Rahmen eines Prozessmodells empfehlenswert. In Anlehnung an die Vorgehensweise in der Strategiearbeit oder in der Innovationsentwicklung nutzen Unternehmen die Stage-Gate-Methodik inzwischen auch für den M&A-Prozess (vgl. Abb. 4.1).

Der Prozess beginnt mit einem umfangreichen und instrumentenorientierten **Screening,** dessen zentraler Inhalt die Identifikation strategiekonformer Akquisitionskandidaten ist. Die systematische Suche nach geeigneten Akquisitionskandidaten erfolgt anhand eines Suchprofils, das durch die Anforderungen aus dem

© Springer Fachmedien Wiesbaden GmbH 2017
J.-P. Büchler, *Business Wargaming für Mergers & Acquisitions,*
essentials, DOI 10.1007/978-3-658-17816-1_4

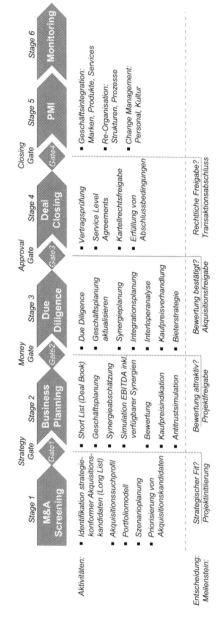

Abb. 4.1 M&A-Stage-Gate-Prozessmodell

Strategieprozess erstellt wird. Akquisitionssuchprofile sind maßgeblich durch die Zielsetzung der Akquisitionsstrategie bestimmt, z. B. Wachstums-, Marktmacht- oder Wissenserwerbsziele. Geeignete Akquisitionskandidaten können bei bereits ausreichender Datenlage mittels Portfoliomodell – meist holzschnittartig – kombiniert mit den eigenen Geschäftsfeldern dargestellt werden und die strategische Logik veranschaulichen. Auf dieser Basis sind bereits erste Szenarioanalysen möglich. Die identifizierten Akquisitionskandidaten werden auf einer sogenannten Longlist zusammengefasst. Diese Übersicht wird als vorläufiges Ergebnis als Entscheidungsvorlage in das *Strategy Gate* (GO 1) eingereicht und die dort bestätigten Kandidaten in ein sogenanntes Deal Book gegebenenfalls mit einer Indikation der Prioritäten aufgenommen.

In der Prozessphase **Business Planning** wird die fundamentale Bewertung für die priorisierten Kandidaten aus dem Deal Book, sogenannte Short list ermittelt. Für diese Akquisitionskandidaten wird eine Geschäftsplanung durchgeführt, die auch eine Abschätzung der zu erwartenden offensiven und defensiven Synergien beinhaltet und gegebenenfalls können bereits unterschiedliche Szenarien (z. B. Risikoversionen) für eine Simulation auf Basis einer relevanten Ergebnisgröße angestellt werden. Hieraus lässt sich über einschlägige Bewertungsverfahren eine erste Kaufpreisindikation ermitteln. Abschließend kann eine Antitrustsimulation etwaige kartell- bzw. wettbewerbsrechtliche Risiken oder Freigabeprobleme vorausschauend identifizieren und erforderlichenfalls die Suche nach möglichen Merger Remedies bereits anstoßen. Über derart umfangreich beschriebene Akquisitionsprojekte wird anhand eines Business Plans und einer Kaufpreisindikation im *Money Gate* (GO 2) entschieden.

In der **Due Diligence** wird die Kaufpreisindikation – d. h. der erste Bewertungsvorschlag – auf der Basis einer sorgfältigen und umfangreichen Prüfung erhärtet (vgl. Wirtz 2014, S. 212). Diese Prüfung umfasst die Bereiche Finanzen, Marketing, Personal, Organisation, IT, Kultur, Steuern und Recht sowie Umweltaspekte. Die detaillierten Informationen werden auf Basis eines Letter of Intent und Non-Disclosure-Agreement sowie erster Vorverhandlungen bereitgestellt; zumindest ist dies bei freundlichen Übernahmen in der Regel der Fall. Mithilfe dieser Daten wird die Geschäftsplanung aktualisiert, Synergien eingeplant, die Integrationsanforderungen abgeschätzt und Risiken identifiziert. Im Falle von feindlichen Übernahmen müssen erforderliche Daten für eine Due Diligence durch Expertengespräche wie beispielsweise ehemalige Mitarbeiter oder Gutachter oder mit der Hilfe von Marktanalysten erhoben werden. Im Rahmen von Bieterprozessen mit mehreren Interessenten an dem Akquisitionsobjekt empfiehlt es sich eine Interloperanalyse durchzuführen, um die Motive und Verhaltensweisen der Mitbieter besser zu verstehen und zu antizipieren, wofür sich ein Business Wargame ebenso gut eignet wie für den Test einer konkreten Bieterstrategie. Schließlich wird auf der Basis einer aktualisierten Geschäftsplanung inklusive einer Integrations- und Synergieplanung eine Bewertung und das Kaufangebot zur Bestätigung und Genehmigung in das *Approval Gate* (GO 3) gegeben.

Im **Closing** werden die der Verhandlung zugrunde liegenden Verträge von beiden Seiten geprüft, wobei insbesondere Service Level Agreements, in denen die Leistungseigenschaften (d. h. Umfang, Zeit und Bedingungen) für die Dauer des Übertrags und Übergangs der akquirierten Geschäfte spezifiziert sind, festgelegt werden. Parallel erfolgt die kartellrechtliche Prüfung und idealerweise die Freigabe für die Transaktion – gegebenenfalls vorbehaltlich der Erfüllung bestimmter Auflagen. Das Signing, d. h. die Unterzeichnung des Kaufvertrages fällt erfahrungsgemäß zeitlich häufig mit der finalen Genehmigung der Transaktion, d. h. dem *Closing Gate* (GO 4)zusammen.

Nach der eigentlichen Transaktion – Due Diligence und Closing werden häufig zusammenfassend als Transaktionsphase beschrieben – beginnt die **Post-Merger-Integration** (PMI), d. h. die Integration der Geschäftsprozesse, Mitarbeiter, Marken und Produkte. Dies geht meist mit einer mehr oder weniger umfangreichen Re-Organisation einher, die Redundanzen in den Strukturen abbaut (defensive Synergien) und Schnittstellen in den Prozessen miteinander verbindet. In der Regel sind kulturelle Anpassungen durch klassische Change Management Maßnahmen erforderlich, die das Zusammenwachsen der Unternehmen bzw. Geschäfte fördert. Schließlich findet ein fortlaufendes Monitoring über die PMI-Maßnahmen statt. Die entsprechende Fortschrittskontrolle wird dem Integrationsteam bzw. Steuerungskreis vorgelegt, damit rechtzeitig etwaige Anpassungen vorgenommen werden können.

Vor allem aus Gründen der Rationalitätssicherung in der Entscheidungsfindung sind formalisierte Prozesse einem ad hoc Management vorzuziehen (vgl. Weber 2001, S. 75 ff.). Sie schaffen Transparenz über die Daten und Annahmen, die einer Entscheidung zugrunde gelegt sind, ermöglichen Vergleichbarkeit und erhöhen die Legitimation einer Entscheidung. Allerdings haben mit Ausnahme der großen Konzerne nur wenige Unternehmen – insbesondere im Mittelstand – einen formalisierten M&A-Standardprozess (vgl. Deloitte 2012, S. 19). Dies ist erstaunlich, insbesondere weil ein formalisierter Prozess mit relativ geringem Aufwand aufzubauen ist, aber die Tragweite von M&A gerade im Mittelstand meist tief greifend und langfristig ist. Wesentlicher Teil der M&A-Prozessgovernance ist der Genehmigungsprozess (vgl. Hahn 2013, S. 433). Der Stage-Gate-Prozess hat sich dabei bewährt. An zentralen Entscheidungspunkten im M&A-Prozessmodell werden durch ein Gremium begründete Entscheidungen über entweder die Fortsetzung des M&A-Projektes (GO), die Wiederholung der letzten Projektphase im Prozess (REWORK) oder Beendigung des M&A-Projektes (KILL) getroffen. Gründe für eine Wiederholung können in einer unzureichenden Datenlage bzw. in kritischen Kennzahlen bestehen, die verbessert werden sollen. Gründe für eine Beendigung können in der Nicht-Erfüllung zentraler Kennzahlen oder Entscheidungskriterien liegen.

Das zentrale Entscheidungsgremium für M&A ist im klassischen Mittelstand die Geschäftsführung. Im gehobenen Mittelstand und in Konzernen gibt es dezidierte M&A-Gremien bereits auf mittlerem bzw. gehobenem Managementlevel, die zumindest in den ersten GO-Entscheidungen eingebunden sind. Diese beteiligten Managementebenen sind natürliche Teilnehmer für ein Business Wargame im M&A-Prozess. Je besser die Informations- und Datenbasis im Rahmen der strategischen Analyse gepflegt ist, umso schneller und einfacher lässt sich ein Business Wargame im M&A-Prozess realisieren. Dabei sollten gerade die kurzen Entscheidungswege im Mittelstand helfen. In der Tat kann fast die Hälfte der Mittelständler eine verbindliche Entscheidung für ein M&A-Projekt innerhalb von rund sechs Monaten herbeiführen (vgl. Becker et al. 2016, S. 74).

Die vorgestellte Stage-Gate-Methodik für M&A-Prozesse vereint viele Vorteile. Zunächst bietet sie eine systematische Vorgehensweise auf der Basis einer aus dem Strategieprozess abgeleiteten M&A-Strategie und klarer quantifizierter M&A-Ziele. Dazu werden für alle Beteiligten verbindliche Standards (z. B. *Deal Book*) und Kennzahlen verwendet, die den integrierten Einsatz eines Business Wargames erleichtern. Der Prozess unterliegt einer einheitlichen M&A-Governance (d. h. ein spezielles Gremium für die Entscheidungsfindung), welche unternehmensintern (fast) alle relevanten Aktivitäten des Akquisitionsprozesses abdeckt und stellt für die Durchführung eines Business Wargames eine gute Voraussetzung in Bezug auf die einzubeziehenden Unternehmensfunktionen dar.

Im Gegensatz zum projektgetriebenen M&A-Modell, das wesentlich häufiger im Mittelstand anzutreffen ist, werden die M&A-Projekte in Bezug auf die definierten strategischen Wachstumsfelder systematisch priorisiert. Die in der Projektorganisation meist anzutreffende reaktive bis opportunistische Auswahl von Akquisitionskandidaten, d. h. Akquisitionen auf der Basis sich zufällig ergebender Möglichkeiten, wird durch einen systematischen Screeningprozess ersetzt und erweitert damit vorausschauend den strategischen Entscheidungs- und Handlungsspielraum.

4.2   Integration von Strategieinstrumenten im M&A-Prozess

In den Phasen des Strategie- und des M&A-Prozesses wird eine Vielzahl von Strategieinstrumenten eingesetzt. Die Marktumwelt wird mit der Branchenstruktur- und Wettbewerberanalyse beschrieben. Das Stärken-Schwächen-Profil eines Unternehmens wird zum Beispiel mithilfe der Wertkettenanalyse, Kompetenzanalyse oder Aktivitätenanalyse ermittelt. Alternative Strategien zur Erreichung von Wachstumszielen werden mithilfe der GAP- und der Szenarioanalyse dargestellt. Auf diese Weise entstehen vielfältige Einsichten und Erkenntnisse, die meist isoliert bleiben und viel zu selten in der strategischen Analyse miteinander verknüpft und gemeinsam genutzt werden. Vor allem bieten die Analysen, sofern sie im Rahmen eines Wissensmanagements systematisch archiviert und miteinander geteilt werden, eine ausgezeichnete Ausgangslange für umfassende und vorausschauende strategische Analysen mittels Business Wargaming. Das folgende Praxisbeispiel soll die Vorteile und Möglichkeiten eines integrierten Instrumenteneinsatzes illustrieren und stammt aus der Konsumgüterindustrie.

Die Ausgangslage besteht in konkreten Befunden aus der Market Intelligence des Unternehmens sowie zahlreichen strategischen Analysen aus dem Strategieprozess.

Die **Marktanalyse** identifiziert eine hohe Wettbewerbsdynamik, die sich insbesondere in einem zunehmenden Konsolidierungsdruck zeigt, wodurch das Management des Unternehmens die strategische Logik des Merger Endgame-Ansatzes bestätigt sieht und diese Strategiekonzeption als Handlungsgrundlage annimmt (vgl. Deans et al. 2003, S. 6 ff.). Im Rahmen der strategischen Planungsdiskussion erwägt die Unternehmensleitung daher eine auf schnelles Skalenwachstum orientierte Strategie, um vor dem Hintergrund der Branchenkonzentration eine kritische Masse in der Produktion und im Vertrieb aufzubauen und damit wettbewerbsfähig zu bleiben. Dazu scheinen unterschiedliche strategische Optionen geeignet, wie zum Beispiel die Produktion von Handelsmarken zur verbesserten Kapazitätsauslastung und damit verbundener Stückkostendegression oder die Akquisition mittelständischer Wettbewerber zur direkten Marktkonsolidierung. Die weiteren Instrumente der strategischen Analyse unterstützen mit ihren Ergebnissen die Unternehmensleitung in ihrer strategischen Überzeugung und die Diskussion konzentriert sich zunehmend auf die Frage, welches Unternehmen akquiriert werden sollte.

Die **Peer-Group-Analyse** unterstützt den Befund, dass die größten Unternehmen im Markt die Branchenkonsolidierung durch Skalenwachstum weiter beschleunigen. So berichten die Market Intelligence Manager, dass der Marktführer (P&G) im Zeitraum 2000/2010 für mehr als 50 Mrd. € die Kosmetik- und Pflegespezialisten Clairol (2001), Wella (2003) und Gillette (2005) akquirierte. Die Nr. 3 im Markt (L'Oréal) beantwortete diese Offensive seinerseits mit Akquisitionen von u. a. den Unternehmen Body Shop (2006), Beauty Alliance (2007) und YSL Beauté (2008) für insgesamt rund 4 Mrd. €. Die Nr. 2 im Markt (Unilever) reagierte zeitlich verzögert mit Akquisitionen der Kosmetikgeschäfte von TIGI (2009), Sara Lee (2010), Alberto Culver (2011) und Kalina (2011) für rund 5 Mrd. €. Im Ergebnis beschleunigt sich damit die Branchenkonsolidierung innerhalb kurzer Zeit. Mittelgroße Wettbewerber wie Sara Lee ziehen sich sogar aus dem diagnostizierten Merger Endgame in der Kosmetikbranche vollkommen zurück; sie verlagern ihr Kerngeschäft stattdessen zum Beispiel in den Kaffeemarkt, wo Sara Lee die erzielten Verkaufserlöse seinerseits zur Marktkonsolidierung einsetzt und seinerseits Kaffeeröster akquiriert. Ein Vergleich der operativen Umsatzrendite zwischen den Wettbewerbern zeigt eindrucksvoll, dass das Skalenwachstum strukturell zu höheren Umsatzrenditen führt und die konsolidierenden Unternehmen so ihre Größenvorteile nutzen.

Die **Pfadanalyse** der ausgewählten Wettbewerber erlaubt Rückschlüsse auf die verfolgten Wachstumsstrategien, insbesondere den Vergleich organischer Wachstumsinitiativen, die meist innovationsgetrieben sind, versus externer Wachstumsstrategien und die dahinterliegenden Werttreiber. Auf der Basis von wertorientierten Steuerungsgrößen wie Kapitalumschlag und Umsatzrendite als Hebel für die Maximierung der Kapitalrendite (ROCE) lässt sich der sprunghafte Anstieg des eingesetzten Kapitals bei P&G und Unilever im Zuge der großen Akquisitionen abbilden. Dieser führt zu einem erheblich niedrigeren Kapitalumschlag im Vergleich zum Branchendurchschnitt. Aus wertorientierter Sicht kann dies eine langfristige strategische Festlegung (sogenannter Lock-in) auf einen externen Wachstumspfad darstellen. Diejenigen Wettbewerber, die bisher keine oder nur geringfügige Akquisitionsaktivitäten berichteten, zeigen zwar strukturell geringere Umsatzrenditen bei allerdings deutlich höherem Kapitalumschlag (vgl. Büchler 2014a, S. 149 ff. sowie Büchler 2014b).

Aus der unterschiedlichen strategischen Schwerpunktsetzung in der Wahl der Werttreiber lassen sich **strategische Gruppen** voneinander abgrenzen. Strategische Gruppen fassen diejenigen Wettbewerber mit ähnlichen Verhaltensweisen, d. h. gleichen strategischen Handlungsparametern, zusammen. Die Unternehmen, die den Markt konsolidieren, können aufgrund ihrer Wettbewerbsparameter und dem Fokus auf externes Wachstum als *„Endgame Player"* zusammengefasst werden. Unternehmen wie Beiersdorf, Estée Lauder und Henkel haben im Kosmetikmarkt der Endgamelogik weitestgehend widerstanden und den Fokus auf organisches Wachstum durch die Entwicklung eigener Marken und das Hervorbringen von Innovationen gelegt. Diese können als *„Organic Growth Stars"* bezeichnet werden. Diese Gruppenbildung lässt sich mit den quantitativen Daten aus der Wettbewerbsanalyse erhärten; so zeigen die organischen Wachstumsstars im Beobachtungszeitraum ein durchschnittlich um rund +3 %-Punkte höheres organisches Wachstum als die Endgame Player.

Mithilfe der **Portfolioanalyse** können auch die strategischen Akquisitionsmotive ermittelt werden. Mit der Akquisition von Sara Lee Body Care stärkt Unilever sein europäisches Kerngeschäft. Hierdurch sichert sich das Unternehmen in relevanten Produktkategorien starke Marken, die eine breitere Regalplatzierung und damit größere Verhandlungsmacht in einem profitablen Marktumfeld zulassen. Dagegen ist das Motiv in der Akquisition von Kalina durch Unilever gänzlich anders gelagert. Das Unternehmen kalibriert seine geografischen Geschäftsaktivitäten, um seine Präsenz im regionalen Wachstumsmarkt Russland auszubauen und beabsichtigt schlagartig Wettbewerbsfähigkeit mit dem Kauf des lokalen Marktführers in Russland als attraktivem Wachstumsmarkt aufzubauen. Aus diesem beobachtbaren Verhalten lassen sich Reaktionsprofile ableiten, die für ein Business Wargame wichtig sind.

Reaktionsprofile beschreiben grundlegende Verhaltensmuster und können durch spieltheoretische Analysen begründet oder erhärtet werden, zum Beispiel mit Hilfe von State-Space-Analysen aus der evolutionären Spieltheorie. Hierbei werden expertenbasierte Wahrscheinlichkeitseinschätzungen über die zukünftigen Verhaltensweisen von Wettbewerben auf der Basis ihres bisherigen Verhaltens und gegenwärtiger Ankündigungen mithilfe eines Spielpfades illustriert (sogenannte Reputationsspiele). Diese helfen dabei herauszufinden, inwiefern beobachtetes Verhalten konsistent ist und zukünftiges Verhalten erklärbar wäre (vgl. Büchler 2009, S. 111 ff.).

Da die Unternehmensleitung bereits eine grundsätzliche Präferenz für selektive Akquisitionsstrategien entwickelt hat, ist aus dem Strategieprozess bereits die **Screeningphase** im M&A-Prozess initiiert worden. In Ergänzung zu den Befunden der strategischen Analyse zeigt eine Kombinationsanalyse mittels einer Marimekko-Marktanteils-Simulation mögliche Akquisitionsszenarien, die sich in der Branche in naher Zukunft abspielen können. Die Untersuchung der theoretisch möglichen Szenarien gibt allerdings nur begrenzt Aufschluss über deren Plausibilität. Aus dem strukturierten und zielgerichteten Einsatz verschiedener Strategieinstrumente ergibt sich damit eine Vielzahl an Fragestellungen, die den Ausgangspunkt für ein Business Wargame darstellen. Das Business Wargaming setzt an diesen Ergebnissen an, um Annahmen über zukünftiges Verhalten zu testen (vgl. Abb. 4.2).

Strategieprozess

Marktanalyse:
Branchenkonsolidierung
• Merger Endgame
• M&A-Transaktionshistorie

→ Konsolidierungsdruck

Szenarioanalyse:
Kombinationsmodelle
• Marktanteilskonzentration
• M&A-Optionen

→ Akquisitionsszenarien

Peer Group-Analyse:
Profitabilitätsvergleich
• Skaleneffekte
• Kennzahlenvergleich

→ Größenvorteile

Portfolioanalyse:
Geschäftsfeldstrategien
• Marktattraktivität
• Wettbewerbsfähigkeit

→ Wachstumspfade

M&A-Prozess

M&A-SCREENING
Fragestellungen für ein Business Wargame

• Welche Konsequenzen hat die Marktkonsolidierung?
• Welche strategischen Wachstumsoptionen gibt es?
• Wie können wir das Merger Endgame mitgestalten?
• Wie werden unsere Wettbewerber reagieren?

Spielkonfiguration:
Stakeholder:
• Wettbewerber
• Verkäufer
• Regulierung
• Banken, Investoren

→ Realisierbarkeit

Interloperanalyse:
Wettbewerberreaktion:
• Strategische Logik
• Bewertung
• Bieterstrategie
• Wettbewerbswirkung

→ Antizipation

Abb. 4.2 Integration von Strategieinstrumenten für die Vorbereitung von Business Wargaming

Für die Beantwortung derartiger Fragen sind vielmehr solche Strategieinstrumente erforderlich, die interdependente Wettbewerbsaktionen und ihre Auswirkungen simulieren (vgl. Büchler 2016a, S. 49). Momentaufnahmen oder Entwicklungsmuster aus der Market Intelligence, wie sie vor allem durch statische Instrumente generiert werden, können daher nur die Ausgangslage für die Beantwortung dieser Fragen mittels eines Business Wargames darstellen. Dabei verwendet das Business Wargame zur Erarbeitung des Simulationsmodells sowohl die quantitativen Daten aus der Markt- und Wettbewerbsanalyse als auch die qualitativen Informationen aus den Reaktionsprofilen, um Wirkungskurven und Abhängigkeiten darzustellen. Die Ergebnisse aus den Analysen werden ebenfalls kondensiert und für die Teilnehmer in den Game Books aufbereitet und zusammengefasst. Insofern ist das Business Wargaming ebenfalls ein Teil des gelebten Wissensmanagements.

4.3   Fallbeispiel: Business Wargame in der Transaktionsphase

Das nachfolgende Praxisbeispiel zeigt den Einsatz von Business Wargaming in der M&A-Transaktionsphase zum Testen geeigneter Bieterstrategien im Rahmen eines Bieterverfahrens, das aus datenschutzrechtlichen Gründen anonymisiert ist.

Initiierung aus dem M&A-Prozess
In der konkreten Situation steht ein europäischer Konsumgüterhersteller vor der Entscheidung, sein Gebot für eine von einem Wettbewerber zum Verkauf

angebotene Marke als Asset Swap oder Cash Deal auszugestalten. Zuvor ist das Unternehmen in mehreren Bieterverfahren ausgeschieden bzw. hat Akquisitionsgelegenheiten im reifen europäischen Heimatmarkt nicht realisieren können. Es möchte vor dem Hintergrund einer inzwischen nur noch überschaubaren Anzahl von potenziellen Akquisitionskandidaten in dem gegenwärtigen Marktumfeld nun mit einem Business Wargame eine erfolgreiche Bieterstrategie entwickeln.

Der Verkäufer des Markengeschäfts hat sich für ein mehrstufiges Auktionsverfahren entschieden. Unter der Berücksichtigung seiner artikulierten Ziele und der unterschiedlichen Akquisitionsmotive möglicher Wettbewerber im Bieterverfahren sollen im Business Wargame unterschiedliche Bieterstrategien und Angebote getestet werden. Das unternehmenseigene Management nimmt dazu in verteilten Rollen die Interessen aller am Bieterverfahren beteiligten Unternehmen und Institutionen wahr, prüft die ermittelte Unternehmensbewertung aus der Due Diligence kritisch und entwickelt das abzugebende Gebot.

Vorbereitung und Spielaufbau auf Basis der Due Diligence

Die Vorbereitung und Durchführung des Business Wargames in der M&A-Transaktionsphase greifen auf markt- und wettbewerbsbezogene Daten und Informationen aus dem Strategieprozess zurück.

Der angestrebte Erkenntnisgewinn und die relevanten Entscheidungsparameter im Business Wargame legen den Einsatz interdisziplinärer Teams, die sich aus den zentralen Unternehmensfunktionen Finanzen, Recht, M&A und der strategischen Marketingabteilung aus dem Geschäftsbereich zusammensetzen, nahe. Neben dem Team, welches das eigene Unternehmen im Bieterverfahren darstellen wird, sind auch die Wettbewerberteams und das Verkäuferteam festzulegen. Bei den Wettbewerbern handelt es sich um solche, die ebenfalls im Bieterprozess aktiv sind bzw. deren Aktivität als wahrscheinlich angenommen wird. Für eine derartige Bewertung ist eine sogenannte Interloperanalyse durchgeführt worden, wobei unter anderem auf Wettbewerberprofile aus dem Strategieprozess zur Ableitung von Verhaltensannahmen zurückgegriffen worden ist (vgl. Abb. 4.3).

Die Interloperanalyse ermittelt potenzielle Wettbewerber im Bieterprozess und untersucht ihre Eigenschaften und Verhaltensweisen, insbesondere:

- ihren strategischen Portfoliofit (auf der Basis der Auswertung von Geschäftsberichten),
- ihre strategische Stoßrichtung (auf der Basis von Analysten- und Unternehmenspräsentationen und des bisherigen Wachstumspfades),
- die erwartete Finanzierbarkeit der Akquisition bzw. des Gebots (auf der Basis der Finanzberichterstattung und Ratings) und

Potenzielle Wettbewerber im Bieterverfahren	Strategischer Portfoliofit	Strategische Stoßrichtung	Finanzierungs-fähigkeit	Kartellrechtliche Probleme	Teilnahme-einschätzung
Wettbewerber 1 (folgend: Interloper 1)	✓	Selektive Akquisitionen in reifen Märkten	(✓)	keine zu erwarten	wahrscheinlich
Wettbewerber 2 (folgend: Interloper 2)	✓	Akquisitionsfokus auf Wachstumsmärkte	✓	geringe Auflagen	wahrscheinlich
Wettbewerber 3 (folgend: Interloper 3)	✓	Strategischer Markenausbau im Premiumpreissegment	✓	keine zu erwarten	wahrscheinlich
Wettbewerber 4	✓	Akquisitionsfokus auf Blockbustermarken mit mind. 1 Mrd. € Umsatz	✓	Marktanteils-konzentration über Schwellenwert	fraglich
Wettbewerber 5	✓	Organischer Wachstumsfokus	?	keine zu erwarten	unwahrscheinlich
Wettbewerber ...	...	...	...		...

Abb. 4.3 Interloperanalyse

- die zu erwartende kartellrechtlichen Probleme bzw. Auflagen (auf der Basis von Marktkombinationsmodellen und kartellrechtlicher Bewertungskriterien).

Wettbewerber 1 (nachfolgend Interloper 1 genannt) verfügt über eine relativ schwache Markenposition in nord- und mitteleuropäischen Märkten. Die zum Verkauf stehende Marke würde dessen gegenwärtiges geografisches Portfolio gut ergänzen und die Marktposition in den wichtigsten Märkten verbessern. Aufgrund der aktuell relativ schwachen Marktposition – keine seiner bisher aktiven Marken ist unter den TOP 5 in einem der Produkt-Länder-Märkte gelistet – sind keine wettbewerbsrechtlichen Auflagen zu erwarten. Gleichzeitig hat das Unternehmen die Region Europa im Rahmen seiner strategischen Prioritäten als wichtigen profitablen Wachstumsmarkt definiert und hierfür explizit eine selektive Akquisitionsstrategie formuliert. Das Unternehmen verfügt außerdem über starke Marktpositionen (TOP 5) in einigen südamerikanischen und asiatischen Wachstumsmärkten. Die Finanzierbarkeit ist unter Berücksichtigung des bestehenden Ratings durch eine Fremdkapitalaufnahme gegeben. Hieraus lassen sich Annahmen für die Bereitschaft, ein strategisches Preispremium bei der Akquisition auch in Form eines Asset Swaps zu zahlen, ableiten.

Wettbewerber 2 (nachfolgend Interloper 2 genannt) verfügt bereits über eine vergleichsweise starke Marktposition in den Produkt-Länder-Marktkombinationen, in denen die zur Veräußerung stehende Marke aktiv ist und hat in seiner Strategie eine hohe Priorität auf den Ausbau von Marktpositionen in

Wachstumsmärkten angekündigt. Gleichzeitig ist der Ausbau von Marktpositionen im Heimatmarkt nicht ausgeschlossen. Die wettbewerbsrechtliche Beurteilung lässt keine Auflagen in struktureller Hinsicht erwarten, d. h. kein Divestment von Assets in der gleichen Produktkategorie. Die Finanzierbarkeit kann aufgrund der Finanzkennzahlen insbesondere eines hohen Free Cash Flow als problemlos unterstellt werden. Insofern ist die Verhaltensannahme einer cashorientierten Bieterstrategie begründet.

Wettbewerber 3 (nachfolgend Interloper 3 genannt) verfügt über ein fokussiertes Markenportfolio. Das Unternehmen verfolgt das strategische Ziel, sein Geschäft im margenstarken Premiumpreissegment global auszubauen. Die zum Verkauf stehende Marke wäre unter diesem Gesichtspunkt als Portfoliofit zu bewerten. Finanzierungsschwierigkeiten und wettbewerbsrechtliche Probleme sind ebenfalls nicht zu erwarten. Für Interloper 3 ist ebenfalls eine cashorientierte Bieterstrategie anzunehmen. Das Team **Wild Card** wird als Joker gesetzt, d. h. als möglicher (branchenfremder) Wettbewerber im Bieterprozess. Wild Cards sind generell zukünftige Entwicklungen oder Ereignisse, die sich durch eine relativ geringe Eintrittswahrscheinlichkeit und potenziell starke Auswirkungen auszeichnen (vgl. Burmeister et al. 2004, S. 148).

Schließlich ist die Zusammensetzung des **Markt- und Kontrollteams** festzulegen. Es hat mehrere Aufgaben, u. a. entscheidet es als Verkäufer über die Angebote, nimmt als Regulierer die Perspektive der Wettbewerbsaufsicht ein und prüft als Analyst und Finanzexperte die Bewertungsannahmen und Gebote. Prinzipiell wäre auch eine zumindest teilweise Trennung der Rollen bzw. Teams möglich.

Das veräußernde Unternehmen gehört in der Branche zu den globalen TOP 3-Wettbewerbern und verfügt über einen hohen Free-Cash-Flow. Das Management verfolgt eine aggressive Wachstumsstrategie, die vor allem externe Wachstumsoptionen in Schwellenländern priorisiert. Vor diesem Hintergrund hat die Unternehmensleitung erwartungsgemäß geringes Interesse an einem Cash Deal, sondern ist vielmehr an solchen Assets interessiert, welche die eigene Marktposition in für die eigene Strategie attraktiven Ländermärkten gegenüber den weltweiten TOP 3-Wettbewerbern verbessert.

Die **Wettbewerbsaufsicht** soll in erster Linie die in den Geboten vorgeschlagenen Transaktionen auf die wettbewerbsrechtliche Realisierbarkeit prüfen. Hierzu wird auf die einschlägigen Bewertungskriterien der EU- Generaldirektion Wettbewerb und zwecks Konsistenzprüfung auf einschlägige Merger Filings aus den öffentlichen EU-Datenbanken zurückgegriffen. Diese werden um Marktinformationen aus geeigneten Marktdatenbanken für das Marktanteilskombinationsmodell im Rahmen der Analyse der Wettbewerbsstruktur ergänzt.

Die Rolle der **Banken und Analysten** ist es, die Bewertungsannahmen für die angebotenen Assets auf Plausibilität zu prüfen und die Priorisierung der Angebote aus Verkäufersicht zu unterstützen.

Die **Spielleitung** besteht aus Wargaming Experten und steuert die Simulation. In diesem Fall steht die Moderation des Bieterprozesses im Vordergrund. Die Spielleitung kanalisiert die Informationen zwischen Bieterunternehmen und Verkäufer, arrangiert Verhandlungen und erarbeitet im moderierten Diskurs die Lernerfahrungen der Teilnehmer. Die nachfolgende Abbildung stellt die Teilnehmer mit ihren unterschiedlichen Rollen und Aktivitäten im Verlauf einer Spielrunde im Business Wargame dar, wobei die Kreisgröße die gewählte Teamgröße visualisiert (vgl. Abb. 4.4).

Durchführung des Bidding Games
Der Ablauf des Business Wargames sieht drei Entscheidungsrunden vor, die dem Modus und der Logik des Auktionsverfahrens folgen. In einer ersten offenen Runde werden Gebote von allen interessierten Marktteilnehmern an den Verkäufer abgegeben. Zum Ende der ersten Runde geben der Verkäufer und Experten aus dem Markt- und Kontrollteam in der Wargaming Arena ein Feedback zu den eingereichten Geboten. Der Verkäufer benennt außerdem die drei Bieter, die er in die zweite Runde des nunmehr geschlossenen Auktionsverfahrens einlädt. Dabei bittet er zudem um die Überarbeitung der eingereichten Gebote und gibt dazu nun

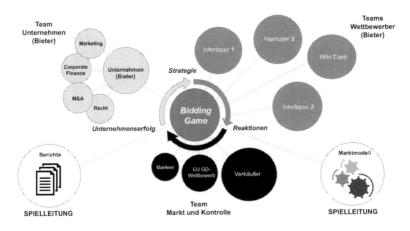

Abb. 4.4 Konfiguration des Bidding Games

weitere Informationen zum Akquisitionsobjekt in einem vertraulichen Datenraum *(Data Room)* bekannt. Die im Bieterprozess befindlichen Teams führen eine Due Diligence durch und erhärten bzw. konkretisieren ihr Gebot. Nach Abgabe der aktualisierten Gebote werden in der zweiten Feedbackrunde die beiden letztverbliebenen Bieter benannt und eine finale Angebotsüberarbeitung durchgeführt.

Während in der **Runde 1** die zuvor identifizierten Wettbewerber eine erste Bewertung des Assets durchführen, prüft das Team **Wild Card** kritisch, ob nicht noch mögliche alternative Bieter aufgrund einer zu engen Branchen- oder Marktperspektive übersehen worden sind. Diese Runde dient vor allem der strategischen Orientierung über das direkte und indirekte Wettbewerbsumfeld und einer Konsistenzprüfung der Verhaltens- und Spielannahmen.

In der **Runde 2** prüfen und modifizieren die Wettbewerber im Bieterverfahren zunächst ihre Bewertungsannahmen auf der Basis detaillierter Informationen aus dem Data Room und geben schließlich ihre überarbeiteten Gebote ab (vgl. Abb. 4.5).

Das Unternehmensteam und Interloper 1 überarbeiten ihre Angebotsausgestaltung unter folgender Fragestellung: Welche Marken aus dem eigenen Geschäftsportfolio könnten im Rahmen eines Asset Swap dem Verkäufer angeboten werden? Das Unternehmensteam sucht nach geeigneten Assets in solchen Märkten, in denen der Verkauf bzw. Tausch eines Markengeschäfts aus strategischer Sicht unkritisch ist und erstellt eine Liste von Produkt-Ländermarkt-Kombinationen, die vor allem Randlagen sog. *Adjacencies* betreffen. Das Team Interloper 1 wählt eine andere Perspektive und versetzt sich in die Interessenlage des Verkäufers. Da der Verkäufer vor allem in Wachstumsmärkten sehr breit und stark aufgestellt ist und z. B. in einzelnen Ländermärkten in Südamerika TOP 3 und TOP 5-Marktpositionen besitzt, hat Interloper 1 mit der Identifikation eigener Assets, d. h. Markengeschäften in dieser Region begonnen, die für den Verkäufer attraktiv sein könnten. Hierbei gelangt es zu einer Liste an Marken mit TOP 5- und TOP 10-Marktpositionen in solchen Märkten, die derart konzentriert sind, sodass das Erreichen einer eigenen TOP 3-Marktposition ausgeschlossen scheint, aber in Kombination mit den bestehenden Geschäften des Verkäufers für eine TOP-Position reichen könnte. Für dieses Vorgehen wird sowohl eine Portfolioanalyse als auch ein Marimekko-Marktanteils-Kombinationsmodell verwendet.

Nach Abgabe der Gebote untersuchen die Markt- und Kontrollteams, insbesondere das Team Verkäufer, welches dieser Geschäfte am attraktivsten ist. Dabei legt es den Fokus auf solche Märkte, in denen es seine eigene Marktposition von TOP 3 auf Marktführerschaft ausbauen kann. Nach der Prüfung werden die abgelehnten Gebote bzw. entsprechende Verbesserungen der weiterhin berücksichtigen Gebote durch die Markt- und Kontrollteams in der Wargaming Arena bekannt

Spielzug	Unternehmensteam (Bieter)	Wettbewerberteams (Interloper 1-3 + Wild Card)	Markt & Kontrollteams	Wargaming Arena	Ergebnis
Angebotsrunde 1	• Bewertung: X € • Gebot: Cash	• Interloper 1: Cash X € • Interloper 2: Cash A € (A < X) • Interloper 3: Cash X € • Wild Card: Finanzinvestoren identifiziert	• Bewertungsprüfung • Bieterprüfung • Kartellrechtsprüfung • Gebotspriorität	Kommentar & Diskussion: • Bewertung • Angebotsstrategien	• Interloper 2 scheidet aus • Datenraumöffnung
Angebotsrunde 2	• Bewertung: X € + Y • Gebot: Cash + Asset	• Interloper 1: X € + Y (Cash + Asset) • Interloper 3: X + X € (Cash)	• Bewertungsprüfung • Bieterprüfung • Gebotspriorität	Kommentar & Diskussion: • Bewertungsaktualisierung insb. Synergien • Gebote insb. Assets	• Interloper 3 scheidet aus
Angebotsrunde 3	• Bewertung: X + X €+ Y • Gebot: Cash + Asset	• Interloper 1: X € + Y + Z (Cash + Assets)	• Bewertungsprüfung • Gebotspriorität	Kommentar & Diskussion: • Bewertungsaktualisierung • Gebote insb. alternative Assets & Portfolioimplikation	• Interloper 1 erhält Zuschlag
Lessons Learned	• Assets im Kerngeschäft kritisch prüfen • Attraktivität von non-core Assets überschätzt	• Strategisches Preispremium durch wertvolles Cash-Äquivalent bezahlt • Finanzinvestoren mit begrenzten Möglichkeiten in der Deal Struktur	• Merger Endgame mit globaler Dimension • Offensive Synergien dominieren im Endgame	• Portfoliooptimierung prägt Akquisitionsstrategien	• Maximalgebot (Höhe / Struktur) prüfen • Strategischen Fokus für Priorisierung schärfen

Abb. 4.5 Verlauf des Business Wargames

gegeben und begründet. Insbesondere wird in der gemeinsamen Diskussion der Fokus auf besonders attraktive Asset Swaps für die strategische Logik des Deals gelegt.

In der letzten Bieterrunde (**Runde 3**) überarbeiten die verbleibenden Unternehmen ihre Gebote auf Basis der diskutierten Portfolioimplikationen. Das Unternehmensteam prüft alle für einen Asset Swap aus Verkäufersicht relevanten Marken auf der Basis einer Kerngeschäfts- und Portfolioanalyse. Hierbei gelangt das Unternehmensteam zu dem Ergebnis, das keine weiteren Marken für diese Transaktion zur Verfügung stehen, da sie entweder für strategische Marktinitiativen genutzt oder direkt dem eigenen bestehenden Kerngeschäft zugeordnet werden. Insofern wird das Gebot um eine Cash Position erhöht. Die Markt- und Kontrollteams als auch das Verkäuferteam bewerten die finalen Angebote. Das erhöhte Angebot in Barmitteln *(Cash Deal)* reicht schließlich nicht aus, um das Gebot von Interloper 1 zu übertreffen, dessen Angebot um ein weiteres Markengeschäft *(Asset Deal)* ergänzt worden ist.

Rückkopplung in den M&A-Prozess

In der abschließenden **Reflexion** über das Business Wargame werden die zentralen Lernergebnisse unter Moderation durch die Spielleitung sowie durch das Markt- und Kontrollteam erarbeitet. Das Unternehmensteam kommt in dem Business Wargame zu der Erkenntnis, dass es die Attraktivität seiner (Non-Core) Assets, die es im Bieterverfahren ermittelt und dem Verkäufer zum Tausch anbietet, überschätzt. Vor diesem Hintergrund muss sich das Unternehmen in einem nächsten Schritt fragen, ob die strategische Priorität der zum Verkauf stehenden Marke richtig eingeschätzt wurde oder ob eine höhere Bewertung bzw. auch gegebenenfalls ein Tausch von Marken aus dem Kerngeschäft zu rechtfertigen wären. Diese Erkenntnis kann unmittelbar in die Entscheidungen im Rahmen des laufenden Bieterverfahrens einfließen.

Außerdem stellen die Teilnehmer fest, dass ein strategisches Preispremium nicht nur in Form von Cash, sondern auch durch geeignete Äquivalente – insbesondere Markengeschäfte – entrichtet werden kann, wozu insbesondere Finanzinvestoren nur sehr begrenzt oder selten in der Lage sind. Dies bedeutet auch ein **Umdenken in der eigenen Bieterstrategie.** Weiterhin resümieren die Teilnehmer, dass die Portfoliostrategien der TOP 3-Wettbewerber die Akquisitionsstrategien durch die Merger Endgame-Logik prägen und dabei globale Dimensionen aufweisen können, d. h. der Tausch von weltweiten Markengeschäftsaktivitäten mit dem Fokus auf solchen Produkt-Ländermarkt-Kombinationen, in denen Marktführerschaft erlangt werden kann. Die strategische Logik offensiver Synergien dominiert in derartigen Transaktionen. Vor diesem Hintergrund soll in einem weiteren Schritt die bestehende Akquisitionsstrategie des Unternehmens kritisch geprüft werden. Diese Erkenntnis wird im Rahmen einer Rückkopplung ebenfalls in den Strategieprozess übermittelt.

Abschließend soll der vollzogene Perspektivwechsel des Managements und die Interaktionskomplexität und -tiefe an dieser Stelle zum Ausdruck kommen. In dem Business Wargame nehmen unternehmenseigene Teams die Perspektive von Wettbewerbern und Verkäufern im Bieterverfahren um ein Akquisitionsobjekt ein und gestalten Angebote, wobei sie sich in die jeweilige Perspektive begeben und aus der konkreten Situation heraus eine **strategische Logik** entwickeln, um die Qualität und Attraktivität der Angebote zu prüfen. Die Spielzüge (Gebote, Reaktionen etc.) stellen die strategische Interaktion her und eine Komplexität dar, die mit herkömmlichen Strategieinstrumenten nicht zutreffend abgebildet werden kann. Allerdings werden diese klassischen Instrumente der strategischen Analyse an vielen Stellen im Business Wargame integriert. Der entstehende Perspektivenpluralismus erhöht für die Entscheider nicht nur die Denktiefe im Akquisitions- bzw. Bieterverfahren, sondern schult die **Antizipationsfähigkeit,** d. h. die Vorausschau und proaktive Vorwegnahme des Markt- und Wettbewerbsverhaltens.

Handlungsempfehlungen und Ausblick 5

Success has never been more fragile.

Gary Hamel 2003

In diesem abschließenden Kapitel werden die Schlussfolgerungen und Implikationen für die Strategieentwicklung und -umsetzung zusammenfassend dargestellt sowie einige grundsätzliche Empfehlungen für den Einsatz von Business Wargaming auf der Basis der Fallbeispiele gegeben.

Unternehmen müssen erfolgreiche und robuste Strategien entwickeln, die auch unerwarteten Ereignissen wie z. B. externe Schocks und Diskontinuitäten standhalten, um besser als ihre Wettbewerber in zunehmend dynamischen Märkten zu bestehen. Die Fähigkeit zur Antizipation ist daher eine zentrale Anforderung und Voraussetzung für erfolgreiche Strategiearbeit. Business Wargaming als eine interaktive und reflexive Form der strategischen Simulation fördert die Vorausschau des Managements in besonderer Weise. Ein gut vorbereitetes und strukturiertes Business Wargame verknüpft die Erkenntnisse aus anderen Analyseinstrumenten miteinander und schafft so neue strategische Einsichten.

Die systematische Strategiearbeit ist eine Voraussetzung für Business Wargaming. Die Verknüpfung der verschiedenen Strategieinstrumente über die Phasen des Strategie- und M&A-Prozesses hinweg maximiert den Erkenntnisgewinn und hilft bei der Rationalitätssicherung in der Strategieentwicklung. Unreflektierte Grundannahmen über Marktentwicklungen oder Wettbewerbsverhalten, willkürlich abgegrenzte Marktsegmente und einseitige Perspektiven können durch den Einsatz von Business Wargaming korrigiert werden. Business Wargaming und Strategieprozess sind wechselseitig miteinander verbunden.

Die wesentlichen Handlungsempfehlungen aus der umfangreichen Beschäftigung mit und Durchführung von Business Wargaming lauten:

© Springer Fachmedien Wiesbaden GmbH 2017
J.-P. Büchler, *Business Wargaming für Mergers & Acquisitions,*
essentials, DOI 10.1007/978-3-658-17816-1_5

- Schaffen Sie eine klare Informationslage über die strategische Ausgangssituation (Base Case) und stellen Sie den direkten Bezug zum Strategieprozess her.
- Erarbeiten Sie ein präzises Briefing für die Initiierung und Vorbereitung eines Business Wargames, in dem die zentrale Fragestellung, der angestrebte Erkenntnisgewinn, die inhaltliche Schwerpunktsetzung und gegebenenfalls zugrundeliegende strategische Konzeptionen oder Grundhaltungen für die Spielkonfiguration erläutert werden.
- Sammeln und konsolidieren Sie die Daten aus den strategischen Analysen, identifizieren Sie strategische Wissenslücken und fokussieren Sie das Simulationsmodell auf die zentrale Fragestellung.
- Fördern und stimulieren Sie in allen Phasen eines Business Wargames den fachlich-inhaltlichen Austausch zwischen den beteiligten Funktionen und Experten. Schaffen Sie die Basis für Perspektivenwechsel und gegenseitiges ergebnisoffenes Lernen.

Empirische Studien belegen eindeutig den Mehrwert, der sich durch einen systematischen Strategieprozess und einen gezielten Einsatz von Simulationsmethoden wie dem Business Wargaming erreichen lässt. Dennoch zeigt sich in der Unternehmenspraxis ein uneinheitliches Bild. Ein wesentlicher Treiber für den Einsatz von Simulationsmethoden sind positive Erfahrungen der Entscheider mit derartigen Instrumenten in der Vergangenheit. Zentraler Vorbehalt gegen den Einsatz von Simulationsmethoden generell ist die erwartete hohe Komplexität, die einen zu hohen Ressourceneinsatz – personell und finanziell – fordere. Zwar ist eine gewisse Vorbereitung und systematische Strategiearbeit notwendig, aber ohne eine solche ist unternehmerischer Erfolg vor allem Zufall. Die Komplexität der Simulationsmodelle kann durchaus einfach gehalten werden. In hochkomplexen Entscheidungssituationen kann mitunter ein qualitatives Business Wargame – ohne Computerunterstützung und Marktmodell – erheblichen Erkenntnisgewinn liefern. In jedem Fall wird dabei die Fähigkeit zur Reflexion und Antizipation geschult. Die Basis bleibt jedoch stets eine strukturierte Analyse des Status-Quo.

Für die zukünftige Entwicklung des strategischen Instrumentariums ist zu erwarten, dass sich das Business Wargaming als komplementäres Instrument in der Strategieentwicklung und Unternehmensplanung etablieren wird. Insbesondere ist davon auszugehen, dass die Bedeutung und Relevanz von Business Wargaming mit steigender Komplexität und Dynamik von Branchen zunehmen wird. Die immer umfangreichere Datenverfügbarkeit in fast allen Branchen, die sich über immer größere Teile der Wertschöpfungskette erstreckt, wird die Möglichkeiten für quantitative Simulationsmodelle erheblich erweitern. Business Wargaming kann davon profitieren und wird die Bedeutung von Unternehmensfunktionen wie z. B. Strategisches Controlling und Business Development vergrößern. Die Anwendung dieses Instruments kann Unternehmen einen effektiven Gegenentwurf sowohl zur Strategieentwicklung nach dem Bauchgefühl als auch zum blinden Vertrauen auf Big Data liefern, da Business Wargaming den Perspektivenpluralismus, Erfahrungswissensaustausch und interdisziplinäres Lernen über organisatorische Grenzen hinweg fordert und fördert.

Was Sie aus diesem *essential* mitnehmen können:

- Business Wargaming ergänzt das Instrumentarium der Strategieentwicklung.
- Strategieentwicklung wird interaktiver, dynamischer und verbessert die Vorausschau.
- Business Wargaming fördert die Rationalitätssicherung in der Strategieentwicklung.
- Individuelle Modellierung ermöglicht vielfältige Einsatzmöglichkeiten im M&A-Prozess.
- Business Wargaming hilft strategische, taktische und operative Fragen zu beantworten.

© Springer Fachmedien Wiesbaden GmbH 2017   51
J.-P. Büchler, *Business Wargaming für Mergers & Acquisitions,*
essentials, DOI 10.1007/978-3-658-17816-1

Literatur

Ansoff, I. H. (1981) Die Bewältigung von Überraschungen und Diskontinuitäten durch die Unternehmensführung. Strategische Reaktionen auf schwache Signale, in: Steinmann, H. (Hrsg.): Planung und Kontrolle, München: Vahlen, S. 233–265.

Becker, W. / Ulrich, P. / Botzkowski, T. (2016) Mergers & Acquisitions im Mittelstand. Best Practices für den Akquisitionsprozess, Wiesbaden: Springer Gabler.

Burmeister, K. / Neef, A. / Beyers, B. (2004) Corporate Foresight. Unternehmen gestalten Zukunft, Hamburg: Murmann.

Büchler, J.-P. (2009) Kooperation versus Fusion in der Konsumgüterindustrie. Wirkungsanalyse und wettbewerbspolitische Würdigung, Köln: Kölner Wissenschaftsverlag.

Büchler, J.-P. (2014a) Strategie entwickeln, umsetzen und optimieren, Hallbergmoos: Pearson.

Büchler, J.-P. (2014b) Beiersdorf: Strategische Hebel für wertschaffendes Wachstum, CASEM Case Study, 14-700DE, Dortmund.

Büchler, J.-P. (2015) Agile und resiliente Innovationsprozesse – Anforderungen an das Innovationsmanagement in einem dynamischen Marktumfeld; in: Büchler, J-P. / Faix, A. (Hrsg.) Innovationserfolg, Frankfurt / Main: Peter Lang, S. 59–84.

Büchler, J.-P. (2016a) Ein Blick in die Zukunft mit Business Wargaming, in: *Controlling & Management Review*, Bd. 60, H. 1, S. 48–53.

Büchler, J.-P. (2016b) Vorbereitung für Business Wargaming im Strategieprozess, in: *Controlling & Management Review*, Bd. 60, H. 2, S. 48–53.

Büchler, J.-P. (2016c) Anwendungsbeispiele von Business Wargaming in der Strategieentwicklung, in: *Controlling & Management Review*, Bd. 60, H. 3, S. 42–48.

Büchler, J.-P. / Feix, T. / Straub, T. (2017) Mergers & Acquisitions im Mittelstand. Erfolgsfaktor für mittelständische Unternehmen, Freiburg im Breisgau: Haufe (im Erscheinen).

Deans, G.K. / Kroeger, F. / Zeisel, S. (2003) Winning the Merger Endgame. A Playbook for Profiting from Industry Consolidation, New York: McGraw-Hill.

Deloitte (2012) Mergers & Acquisitions im Mittelstand; in: Erfolgsfaktoren im Mittelstand, Hannover.

Dixit, A.K / Nalebuff, B.J. (2008) The Art of Strategy. A Game Theorist's Guide to Success in Business and Life, New York: Norton.

Ghemawat, P. (1991) Sustainable Advantage; in: Montgomery, C.A. / Porter, M.E. (Hrsg.) Strategy – Seeking and Securing Competitive Advantage, Boston, MA: Harvard Business Press, S. 27–38.

© Springer Fachmedien Wiesbaden GmbH 2017
J.-P. Büchler, *Business Wargaming für Mergers & Acquisitions,*
essentials, DOI 10.1007/978-3-658-17816-1

Ghemawat, P. (1997) Games Businesses Play. Cases and Models, Cambridge, MA: MIT Press.

Hahn, J. (2013) Die M&A-Richtlinie als Werkzeug zur Professionalisierung des Corporate M&A – Der Rahmen für M&A-Governance und Best Practice, in: *M&A Review*, Jg. 24., H. 11, S. 433–438.

Hamel, G. / Prahalad, C.K. (1989) Strategic Intent; in: *Harvard Business Review*, Jg. 67, H. 3, S. 63–76.

Hamel, G. / Prahalad, C.K. (1995) Wettlauf um die Zukunft. Wie Sie mit bahnbrechenden Strategien die Kontrolle über Ihre Branche gewinnen und die Märkte von morgen schaffen, Wien: Ueberreuter.

Hamel, G. / Välinkangas, L. (2003) The Quest for Resilience; in: *Harvard Business Review*, Jg. 81, H. 9, S. 52–63.

Müller, A. (2008) Strategic Foresight – Prozesse strategischer Trend- und Zukunftsforschung in Unternehmen. Dissertation Nr. 3521, Universität St. Gallen.

Müller, A. / Müller-Stewens G. (2009) Strategic Foresight. Trend und Zukunftsforschung in Unternehmen - Instrumente, Prozesse, Fallstudien, Stuttgart: Schäffer-Poeschel.

Oriesek, D. F. / Schwarz, J. O. (2009) Business Wargaming. Unternehmenswert schaffen und schützen, Wiesbaden: Gabler.

Porter, M.E. (2008) On Competition – Updated and Expanded Edition, Boston, MA: Harvard Business Press.

Romeike, F. / Spitzner, J. (2013) Von Szenarioanalyse bis Wargaming, Betriebswirtschaftliche Simulationen im Praxiseinsatz, Weinheim: Wiley-VCH.

Spitzner, J. / Schneider, M. L. (2015) Simulationen in der Unternehmenssteuerung. Ergebnisse einer empirischen Studie. Spitzner Consulting, München.

Weber, J. / Schäffer, U. (2001) Controlling als Rationalitätssicherung der Führung, in: *Die Unternehmung*, 55. Jg., H. 1, S. 75–79.

Weber, J. / Spitzner, J. / Stoffels M. (2008) Erfolgreich steuern mit Market Intelligence. Marktentscheidungen fundiert treffen, Weinheim: Wiley-VCH.

Wirtz, B.W. (2014) Mergers & Acquisitions Management. Strategie und Organisation von Unternehmenszusammenschlüssen, 3. Auflage, Wiesbaden: Springer Gabler.

Zentes, J. / Swoboda, B. / Morschett, D. (2005) Internationales Wertschöpfungsmanagement, München: Vahlen.

Zook, C. / Allen, J. (2010) Profit from the Core – A Return to Growth in Turbulent Times, Boston, MA: Harvard Business Press.

Printed in the United States
By Bookmasters